The
LITTLE BLACK SONGBOOK

THE BEACH BOYS

T0078733

ISBN: 978-1-84938-435-3

Visit Hal Leonard Online at
www.halleonard.com

Contact us:
Hal Leonard
7777 West Bluemound Road
Milwaukee, WI 53213
Email: info@halleonard.com

In Europe, contact:
Hal Leonard Europe Limited
42 Wigmore Street
Marylebone, London, W1U 2RY
Email: info@halleonardeurope.com

In Australia, contact:
Hal Leonard Australia Pty. Ltd.
4 Lentara Court
Cheltenham, Victoria, 3192 Australia
Email: info@halleonard.com.au

Add Some Music To Your Day

Words & Music by Brian Wilson, Joe Knott & Mike Love

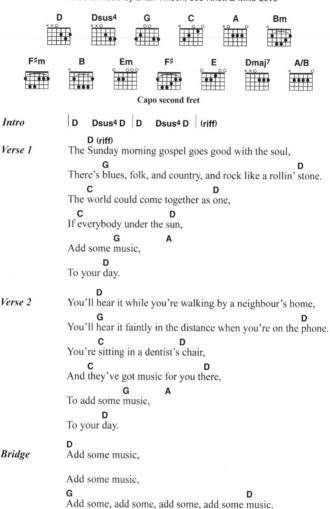

Capo second fret

Intro | D   Dsus⁴ D | D   Dsus⁴ D | (riff)

	D (riff)
Verse 1	The Sunday morning gospel goes good with the soul,

               G   **D**
There's blues, folk, and country, and rock like a rollin' stone.

       C   **D**
The world could come together as one,

      C   **D**
If everybody under the sun,

         G   **A**
Add some music,

       D
To your day.

	D
Verse 2	You'll hear it while you're walking by a neighbour's home,

       G   **D**
You'll hear it faintly in the distance when you're on the phone.

       C   **D**
You're sitting in a dentist's chair,

      C   **D**
And they've got music for you there,

             G   **A**
To add some music,

       D
To your day.

	D
Bridge	Add some music,

Add some music,

G   **D**
Add some, add some, add some, add some music.

Verse 3

        C   **D**
Your doctor knows it keeps you calm,

        C   **D**
Your preacher adds it to his psalms,

             G   **A**
So add some music,

        D
To your day.

Middle

Bm   **F♯m**
Music, when you're alone,

           B
Is like a companion,

            Em   **F♯**
For your lonely soul, oh oh oh,

         B   **E**   **A**
Woah oo oh, woah oo oh, oh woah - oo.

Dmaj⁷   **G**
  When day is over,

Dmaj⁷   **G**
  I close my tired eyes,

Bm   **A**   **A/B** **A**
Music is in my soul.____

Verse 4

        D (riff)
At a movie you can feel it touching your heart,

           G
And on every day of the summertime.

        D
You'll hear children chasing ice cream carts,

        C   **D**
They'll play it on your wedding day,

        C   **D**
There must be 'bout a million ways,

            G   **A**
To add some music,

        D (riff)
To your day.

Outro

        D (riff)
‖: Add some music to your day,

Add some music to your day. :‖   *Repeat to fade*

All I Want To Do

Words & Music by Dennis Wilson

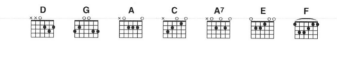

D   G   A   C   A7   E   F

Intro | D | D |

Verse 1
           D   G
You ain't got time for diamonds,
          A   D
And you pay no mind to gold.
              G
You gave up everything you had,
        A   D
But there's one thing I want you to hold.

Bridge 1
    A
    Come let the power through you,
    C
    Come on and let me thrill you,

Mama now.

Chorus 1
    D   G
(Baby come on, come on)
         D
Come on baby.
        G
(Baby come on, come on)
        D
Come on baby,
  G   A7
I just wanna do it with you.

Verse 2

D   G
Well I don't care where you wanna go,

A   D
Just so you go with me.

D   G
And I don't care what you wanna do,

A   D
But make sure you do it with me.

Bridge 2

A
All I wanna do with you,

C
Well I just wanna make-a some love to you.

Chorus 2   As Chorus 1

All night long.

Instrumental | D | D | E | E | F | F |

| G | A | A7 |

Chorus 3

D   G
   (Baby come on, come on),

D
Come on baby,

G
(Baby come on, come on),

D
I said baby,

G   A
I just wanna make it with you,

Oh,

D
Come on,

Come on, come on, come on, baby.   *To fade*

All Summer Long

Words & Music by Brian Wilson & Mike Love

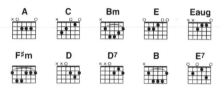

Capo second fret

Chorus 1

A   C
Sitting in my car outside your house,

(Sitting in my car outside your house),
Bm
  'Member when you,

                       E   Eaug
Spilled coke all over your blou - se?
A   C
T-shirts, cut-offs, and a pair of thongs,

(T-shirts, cut-offs, and a pair of thongs),
Bm   E   F#m   A
  We've been having fun all summer long.

Verse 1

      D   D7
All summer long you've been with me,

  A
I can't see enough of you.
      D   D7
All summer long we've both been free,
B   E
Won't be long 'til summer time is through.

(Summer time is through,
       Eaug
Not for us now).

Chorus 2

       A   C
Miniature golf and Hondas in the hills,

(Miniature golf and Hondas in the hills).

Bm
  When we rode the horse,

            E   **Eaug**
We got some thri - lls.

A   C
Every now and then we hear our song,

(Every now and then we hear our song).

Bm   **E**   **F♯m**   **A**
  We've been having fun all summer long.

Instrumental | D | D | A | A | D | D |

Pre-chorus

B   E
Won't be long 'til summer time is through.

(Summer time is through,

        Eaug
Not for us now).

Chorus 3

A   C
Every now and then we hear our song,

(Every now and then we hear our song).

Bm   **E**   **A**   E
  We've been having fun all summer long.

Outro

     A   C
‖: We've been having fun all summer long,

(We've been having fun all summer long).

A   C
We've been having fun all summer long,

(We've been having fun all summer long). :‖   *Repeat to fade*

Barbara Ann

Words & Music by Fred Fassert

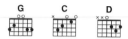

Chorus 1
G
Bar, bar, bar, bar, Barbara Ann,

Bar, bar, bar, bar, Barbara Ann.
                C
Barbara Ann, take my hand,
  G
Barbara Ann.
        D
You got me rockin' and a rollin',
C   G
Rockin' and a reelin' Barbara Ann,

Bar, bar, bar, bar, Barbara Ann.

Verse 1
G
Went to a dance looking for romance,

Saw Barbara Ann so I thought I'd take a chance,
    C
Barbara Ann,
    G
Take my hand,
       D
You got me rockin' and a rollin',
C   G
Rockin' and a reelin' Barbara Ann,

Bar, bar, bar, bar, Barbara Ann.

Chorus 2   As Chorus 1

Instrumental | G | G | G | G | C | C |

| G | G | D | C | G | G |

Verse 2

G
Tried Betty Sue,
N.C.
Tried Betty Sue,

Tried Betty Sue but I knew she wouldn't do,
    C
Barbara Ann,

Bar, bar, bar, bar, Barbara Ann,
G
Bar, bar, bar, bar, Barbara Ann.
      D
You got me rockin' and a rollin',
C   **G**
Rockin' and a reelin' Barbara Ann,

Bar, bar, bar, bar, Barbara Ann.

Chorus 3   As Chorus 1

Be True To Your School

Words & Music by Brian Wilson & Mike Love

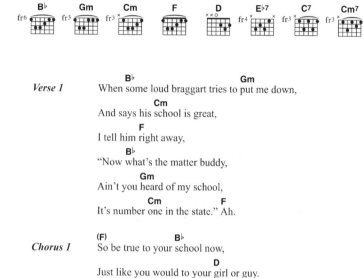

Verse 1

            Bb   **Gm**
When some loud braggart tries to put me down,

             Cm
And says his school is great,

          F
I tell him right away,

          Bb
"Now what's the matter buddy,

          Gm
Ain't you heard of my school,

          Cm   **F**
It's number one in the state." Ah.

Chorus 1

          (F)   **Bb**
So be true to your school now,

                            D
Just like you would to your girl or guy.

          Gm
Be true to your school now,

                   Eb7   **C7**
And let your colours fly,

                  Cm7   **F**
Be true to your school, ah.

Verse 2

          (F)   **Bb**   **Gm**
I got a letterman's sweater with a letter in front,

          Cm   **Cm7**   **F**
I got for football and track,   I'm proud to wear it now.

          Bb   **Gm**
When I cruise around the other parts of the town,

          Cm
I got a decal in back.

Chorus 2

    Cm⁷   **F**   **B♭**
    So be true to your school now,

                  D
Just like you would to your girl or guy.

           Gm
Be true to your school now,

             E♭⁷ **C⁷**
And let your colours fly,

         Cm⁷   **F**
Be true to your school, ah.

Verse 3

     B♭   **Gm**
On Friday we'll be jacked-up on the football game,

            Cm   **Cm⁷**   **F**
And I'll be ready to fight,   we're gonna smash 'em now,

 B♭   **Gm**
My girly will be working on her pom-poms now,

        Cm
And she'll be yelling tonight.

Chorus 3

Cm⁷   **F**   **B♭**
    So be true to your school now,

                  D
Just like you would to your girl or guy.

           Gm
Be true to your school now,

             E♭⁷ **C⁷**
And let your colours fly,

         Cm⁷   **F**
Be true to your school, ah.

Outro

   B♭   **Gm**
‖: Rah, rah, rah, be true to your school.

Cm   **F**
Rah, rah, rah, be true to your school. :‖ *Repeat to fade*

Bluebirds Over The Mountain

Words & Music by Ersel Hickey

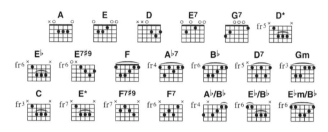

Intro	A	E

Chorus 1

    A
Bluebirds over the mountain,

    D   **E**
Seagulls over the sea,

    A
Bluebirds over the mountain,

    D   **E7**   **A** **E**
Bring my baby to me.

Verse 1

    D   **G7**   **A**
A boy and a girl they once found love,

    D   **G7**   **A**
To each it seemed like heaven above.

    D   **G7** **A**
He looked in - to her eyes and said,

        D* **E♭**   **E7♯9**
"Ooh-ee baby you're so good for my head."

Chorus 2   As Chorus 1

Verse 2

    D   **G7**   **A**
Oh, every - one in every land,

    D   **G7**   **A**
Please give me a helping hand,

    D **G7**   **A**
If you see her all alone,

           D*   **E♭**   **E7♯9**
Oh, tell my baby, "Won't you please come home?"

Chorus 3   As Chorus 1

Bridge 1

A
Oh bring my baby back,

I don't know why she's been so long,

But all I know is that she's gone.

Oh, bring my baby back to me,

               F
Well, I'm in pain can't you see.

Guitar solo | **F** | **F** | **F** | **F** |

                  | **F** | **F** | **F** | **F G7** ‖

Verse 3

    E♭   **A♭7**   **B♭**
A boy and a girl they once found love,

    E♭   **A♭7**   **B♭**
To each it seemed like heaven above.

    E♭   **A♭7**   **B♭** **D7** **Gm**
I guess that's why we fell___ in love,

C   **E♭**   **E*** **F7♯9**
   And now she's gone and all I got to say is…

Chorus 4

B♭
Bluebirds over the mountain,

E♭   **F**
Seagulls over the sea yeah,

B♭
Bluebirds over the mountain,

E♭   **F7**   **B♭** **E♭**   **F7**
Bring my baby to me, bring my baby.

A♭/B♭   **E♭/B♭** **E♭m/B♭** **B♭**
Ooh, baby, ooh, ooh,   ooh.

Break Away

Words & Music by Brian Wilson & Murry Wilson

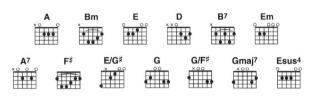

Capo third fret

Intro

 A
Break, break, shakeaway,

 Bm
Break, breakaway.

 E   A   D
Now I'm free to do what I wanna do.

 Bm   E
   Woah, woah,

 A   B7
   Woah, woah.

Verse 1

 Em   A7
   Time will not wait for me,

 F♯   Bm
   Time is my destiny,

 E   A   E/G♯   G   (G/F♯)
   Why change the part of me that has to be free.

 Em   A7
   The love that passed me by,

 F♯   Bm
   I found no reason why,

 E   A   E/G♯   G
   But now each day is filled with the love.

              Em
That very same love,

              Gmaj7
That passed me by,

              Esus4   E
And that is why.

Chorus 1

      A   **Bm**
I can breakaway from that lonely life,

         E   **A**   **D**
And I can do what I wanna do.

   Bm   **E**   **A**
And breakaway from that empty life,

     B⁷
And my world is new.

Verse 2

  Em   **A⁷**
   When I layed down on my bed,

F♯   **Bm**
  I heard voices in my head,

E   **A**   **E/G♯** **G**   **(G/F♯)**
  Telling me now, "Hey it's only a dream."

Em   **A⁷**
  The more I thought of it,

F♯   **Bm**
  I had been out of it,

E   **A**   **E/G♯**   **G**
  And here's the answer I found in - stead. (baby baby)

              Em
Found out it was in my head, (baby baby)

         G
Found out it was my head, (baby baby)

          Esus⁴ **E**
Found out it was in my head.

Chorus 2

      A   **Bm**
And I can breakaway to the better life,

      E   **A**   **D**
Where the shackles never hold me down.

       Bm   **E**   **A**
I'm gonna make a way for each happy day,

     B⁷
As my life turns around.

Middle

   G
‖: Come on you're free to breakaway,

      Em
Won't you come on, you're free to breakaways. :‖

Breakaway, breakaway,

Outro

   G   **Em**
‖: Feel the vibrations, in all the sensations, breakaway. :‖ *Repeat to fade*

Busy Doin' Nothin'

Words & Music by Brian Wilson

Intro | A♭maj7 | G♭maj7 | A♭maj7 Cm7 Bm7 | B♭m7 Cm7 |

Verse 1

D♭9
  I had to fix a lot of things this morning,
Cm7   B13   B7
'Cause they were so scrambled.
     B♭m11   A13   A♭maj7 B♭m7 Cm7
But now it's okay, I tell you I've got enough to do.
D♭9
 The afternoon was filled up with phone calls,
Cm7   B13 B7 B♭m11   A13
 But what a hot sticky day, yeah, yeah, yeah,
       A♭maj7 A13
The air is cooling down.

Bridge 1

A♭maj7   D♭maj7
Take all the time you need, it's a lovely night.
A♭maj7   D♭maj7
If you decide to come, you're gonna do it right.
Cm7   B7
Drive for a couple miles, you'll see a sign and turn,
B♭m7   A7
Left for a couple blocks, next is mine, you'll turn,
A♭maj7   D♭maj7
Left on a little road, it's a bumpy one.
A♭maj7   D♭maj7
You'll see a white fence, move the gate and drive,
Cm7   B7
Through on the left side, come right in and you'll,
B♭m7
Find me in my house somewhere,
      A7 (A♭maj7)
Keeping busy while I wait.

| *Link 1* | $\|$ A♭maj7 $\|$ G♭maj7 $\|$ A♭maj7 Cm7 Bm7$\|$ B♭m7   Cm7 $\|$ |

Verse 2

D♭9
I get a lot of thoughts in the morning,

Cm7   **B13**   **B7**
   I write 'em all down,

     B♭m11   **A13**   **A♭maj7 B♭m7   Cm7**
If it wasn't for that   I'd forget 'em in a while.

D♭9
   And lately I've been thinking 'bout a good friend,

Cm7   **B13**   **B7** **B♭m11**   **A13**
   I'd like to see more of,   yeah, yeah, yeah,

          A♭maj7   **A13**
I think I'll make a call.

Bridge 2

A♭maj7   **D♭maj7**
I wrote a number down, but I lost it, so I

A♭maj7   **D♭maj7**
Searched through my pocket book, I couldn't find it. So

Cm7   **B7**
I sat and concentrated on the number and,

B♭m7   **A7**
Slowly it came to me, so I dialed it and I

A♭maj7   **D♭maj7**
Let it ring a few times, there was no answer. So I

A♭maj7   **D♭maj7**
Let it ring a little more, Still no answer. So I

Cm7   **B7**
Hung up the telephone, got some paper and

B♭m7
Sharpened up a pencil and,

           A7   **(A♭maj7)**
Wrote a letter to my friend.

Link 2

$\|$ A♭maj7 $\|$ G♭maj7 $\|$ A♭maj7 Cm7 Bm7$\|$ B♭m7   Cm7 $\|$

$\|$ D♭m7   E♭m7 $\|$ Cm7   B13 $\|$ B♭m7 $\|$ D♭m7 $\|$

$\|$ A♭maj7 $\|$ A♭maj7 B♭m7 Cm7$\|$

Outro

$\|$ D♭9 $\|$ D♭9 $\|$ Cm7 $\|$ B13 $\|$

$\|$ B♭m11 $\|$ A13 $\|$ A♭maj7 $\|$ B♭m7 Cm7 $\|$ *To fade*

19

Cabinessence

Words & Music by Brian Wilson & Van Dyke Parks

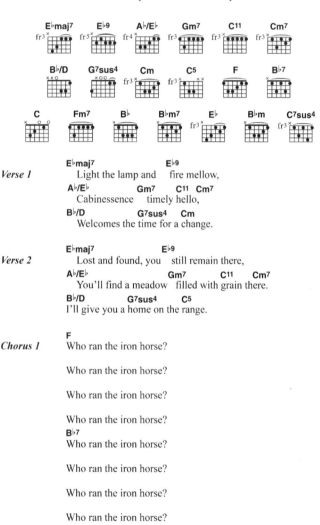

Verse 1

E♭maj7
Light the lamp and E♭9 fire mellow,
A♭/E♭
Cabinessence Gm7 C11 Cm7 timely hello,
B♭/D
Welcomes the time G7sus4 Cm for a change.

Verse 2

E♭maj7
Lost and found, you E♭9 still remain there,
A♭/E♭
You'll find a meadow Gm7 C11 Cm7 filled with grain there.
B♭/D
I'll give you a home G7sus4 C5 on the range.

Chorus 1

F
Who ran the iron horse?

Who ran the iron horse?

Who ran the iron horse?

Who ran the iron horse?
B♭7
Who ran the iron horse?

Who ran the iron horse?

Who ran the iron horse?

Who ran the iron horse?

cont.

F
Who ran the iron horse?

Who ran the iron horse?

Verse 3

E♭maj7   **E♭9**
I want to watch you   windblown facing,
A♭/E♭   **Gm7**   **C11**   **Cm7**
Waves of wheat for   your em - bracing,
B♭/D   **G7sus4**   **Cm**
Folks sing a song of the grange.

Verse 4

E♭maj7   **E♭9**
Nestled in a   kiss below there,
A♭/E♭   **Gm7**   **C11**   **Cm7**
The constellations   ebb and flow there,
B♭/D   **G7sus4**   **C5**
And witness our home on the range.

Chorus 2

As Chorus 1

Middle

C   **Cm7**
Have you seen the Grand Coulee,
F   **Fm7**
Working on the railroad?
B♭   **B♭m7**
Have you seen the Grand Coulee,
E♭   **B♭m**
Working on the railroad?

Outro

‖: **C7sus4**
Over and over,

                    C
The crow cries uncover the cornfield.
C7sus4
Over and over,

              C
The thresher and hover the wheatfield. :‖   *Repeat to fade*

California Girls

Words & Music by Brian Wilson & Mike Love

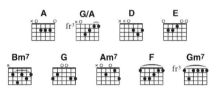

Capo second fret

Intro | A | A | A | A | A | A | D | D | G | G ‖ A | A |

Verse 1

>   **A**
> Well East coast girls are hip,
>
>   **G/A**
> I really dig those styles they wear.
>
>   **D**
> And the Southern girls with the way they talk,
>
>   **E**
> They knock me out when I'm down there.
>
>   **A**
> The Mid-West farmer's daughters really,
>
> **G/A**
> Make you feel all right.
>
>   **D**
> And the Northern girls with the way they kiss,
>
>   **E**
> They keep their boyfriends warm at night.

Chorus 1

> **A**   **Bm7**
> I wish they all could be California (girls),
>
> **G**   **Am7**
> I wish they all could be California,
>
> **F**   **Gm7**   **A**
> I wish they all could be California girls.

Verse 2

        A
The West coast has the sunshine,

          G/A
And the girls all get so tanned.

        D
I dig a French bikini on Hawaii island,

        E
Dolls by a palm tree in the sand.

       A
I been all around this great big world,

        G/A
And I seen all kinds of girls.

        D
Yeah, but I couldn't wait to get back in the States,

        E
Back to the cutest girls in the world.

Chorus 2   As Chorus 1

Link | **(A)** | **(Bm)** |

Outro   ‖: **A**
           I wish they all could be California (girls),

          Bm7
          I wish they all could be California, :‖   *Repeat to fade*

Caroline, No

Words & Music by Brian Wilson & Tony Asher

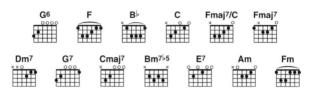

Capo first fret

Verse 1

G6   F
Where did your long hair go,

G6   F
Where is the girl I used to know?

G6   B♭ C Fmaj7/C   Fmaj7
How could you lose that happy glow, oh, Caroline no.

Verse 2

G6   F
Who took that look away,

G6   F
I remember how you used to say.

G6   B♭   C   Fmaj7/C   Fmaj7
You'd never change, but that's not true, oh, Caroline you,

Bridge

     Dm7 G7 Cmaj7
Break my heart, I want to go and cry.

    Bm7♭5 E7 Am   Fm
It's so sad to watch a sweet thing die, oh, Caroline why?

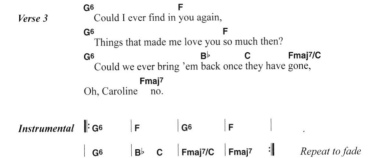

Verse 3

G⁶　　　　　　　　　　**F**
Could I ever find in you again,
G⁶　　　　　　　　　　　　**F**
Things that made me love you so much then?
G⁶　　　　　　　　**B♭**　　　**C**　　　**Fmaj⁷/C**
Could we ever bring 'em back once they have gone,
　　　　　　Fmaj⁷
Oh, Caroline　no.

Instrumental　‖: **G⁶**　　|**F**　　　|**G⁶**　　|**F**　　　|　.

　　　|**G⁶**　　|**B♭**　**C**　|**Fmaj⁷/C**　|**Fmaj⁷**　:‖　　*Repeat to fade*

Celebrate The News

Words & Music by Dennis Wilson & Gregg Jakobson

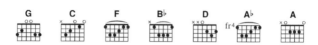

Tune guitar slightly sharp

Intro | G C | G C | G C |

           Hello.

Verse 1

G   C
My luck was so bad,

  F   Bᵇ   G   C G   C
I thought I used up all the luck I had.

G   C   F
Everytime I thought I'd get it on,

      Bᵇ   G   C G C
Some - one put me on.

D   F
   There's been a change.

Link 1 | G C | G C |

Verse 2

G   C
Beautiful and strange,

    F   Bᵇ
My life's gone through a change,

       G   C G   C
Some - how I know.

G   C
Bad luck's in the past,

    F   Bᵇ
All good things here at last,

   G   C G   C
So now we'll grow.

D   F
   There's been a change,

Aᵇ
   Mm.

Middle

G   C
Bad luck (no more),

   G   C
No bad luck (no more),

   G   C
No bad luck (no more),

G   C
I got news for you,

      F
There ain't no blues,

  B♭   G   C   G   C
I got news for you.

A   D
I got news for you,

        G
There ain't no blues,

  C   A   D   A   D
I got news for you.

A   D
I got news for you,

        G
There ain't no blues,

  C   A   D   A   D
I got news for you.

Chorus

       D
    Listen to the boys loud and clear,

F   G
Come on folks with - stand your fear.

D
Sail away the choice is yours you choose,

F
Celebrate the news,

      G
There ain't no blues.

Outro   ‖:   D   F   G   :‖   *Repeat to fade*
         Come on, come on.

Cotton Fields
(The Cotton Song)

Words & Music by Huddie Ledbetter

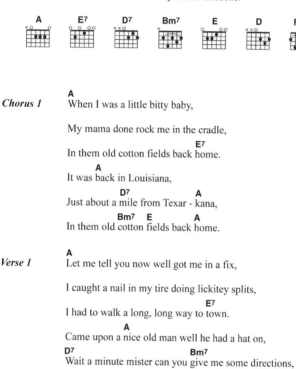

Chorus 1

    A
When I was a little bitty baby,

My mama done rock me in the cradle,
                        E7
In them old cotton fields back home.
        A
It was back in Louisiana,
        D7   **A**
Just about a mile from Texar - kana,
   Bm7   **E**   **A**
In them old cotton fields back home.

Verse 1

    A
Let me tell you now well got me in a fix,

I caught a nail in my tire doing lickitey splits,
                 E7
I had to walk a long, long way to town.
          A
Came upon a nice old man well he had a hat on,
D7   **Bm7**
Wait a minute mister can you give me some directions,
A   **Bm7** **E**   **A**
  I'm gonna want to be right off for home.

Chorus 2   As Chorus 1

Bridge

                          D
Don't care if them cotton balls get rotten,

          A
When I got you baby, who needs cotton,

                    Bm⁷   **E**
In them old cotton fields back home.

               A
Brother only one thing more that's gonna warm you,

D   **Bm⁷**
  A summer's day out in California,

A   **Bm⁷** **E**
  It's gonna be them cotton fields back home.

Link

| **A** | **A** | **Bm⁷** | **Bm⁷** **E** | **A** | |

(home).

Verse 2

              D
It was back in Louisiana,

              A   **F♯m**
Just about a mile from Texar - kana,

                A   **F♯m**
Give me them cotton fields.

                  A   **F♯m**
Let me hear it for the cotton fields,

A   **F♯m**   **Bm⁷** **E**
  You know that there's just no place like home.

             A
Well boy it sure feels good to breathe the air back home,

             D   **Bm**
You should-a seen their faces when they seen how I grown,

         A **Bm**   **E**   **D**   **A**
In them old cotton fields back home.

Outro

| **A** | **A** | **A** | **A** | ‖ *To fade* |

Cuddle Up

Words & Music by Dennis Wilson & Daryl Dragon

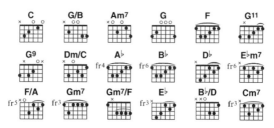

Tune guitar slightly flat

Intro | C | C | C | C ‖

Verse 1
          C   G/B   Am7 G
The night has come, cuddle up to me,
          F   G11   G9   C
Keep warm, mmm, close to me.
                   G/B   Am7 G
In dreams we'll dream, making love to wake,
          F   G11   G9   C
To find, mmm, we're still one.

Chorus 1
          C   Dm/C
Your love, your love,
          C   Dm/C
Your love, your love for me,
            A♭
Is so warm and good to me,
         B♭
Growing every day.
         D♭   C   F
Honey, honey, I'm in love.
         D♭
Oh.
         E♭m7   D♭   B♭
I know a man who's so in love, mmm.

Instrumental

B♭ F/A	Gm7 Gm7/F	E♭ B♭/D	Cm7	
B♭ F/A	Gm7 Gm7/F	E♭ B♭/D	Cm7	
B♭	G			
C	C	C	C	
C	G/B	Am7	G	
F	G11 G9	C	C	‖

Verse 2

   C   G/B   Am7 G
The night has come, cuddle up to me,

   F   G11   G9   C
Keep warm, mmm, close to me.

Chorus 2

   C   Dm/C
Your love, your love,

   C   Dm/C
Your love, your love for me,

      A♭
Is so warm and good to me,

B♭
Growing every day.

D♭   C   F
Honey, honey I'm in love.

D♭
Oh.

E♭m7   D♭   B♭ G C
I know a man   who's so in love, mmm.

Country Air

Words & Music by Brian Wilson & Mike Love

Am   Eaug   C   Dm7/C   E7   F   G   C7   G7

Capo second fret

Intro | Am | Eaug | Am | Eaug | C | Dm7/C | C | Dm7/C |

| E7 | F | E7 | F |

Verse 1
    C   G
Get a breath of that country air,
    C   G
Breathe the beauty of it everywhere,
    C7   F
Get a look at that clear blue sky.

Link 1   As Intro   (Come on,)

Verse 2
    C   G
Get a breath of that country air,
    C   G
Breathe the beauty of it everywhere,
    C7   F
Mother Nature she fills my eyes.

Link 2   As Intro

Verse 3
    C   G
Get a breath of that country air,
    C   G
Breathe the beauty of it everywhere,
    C7   F   Am
Rise up early the day won't let you sleep.

| Eaug | F | G7 |

Outro || : C   G C   G
Ah - ha,   Ah - ha. : || *Repeat to fade*

Disney Girls (1957)

Words & Music by Bruce Johnston

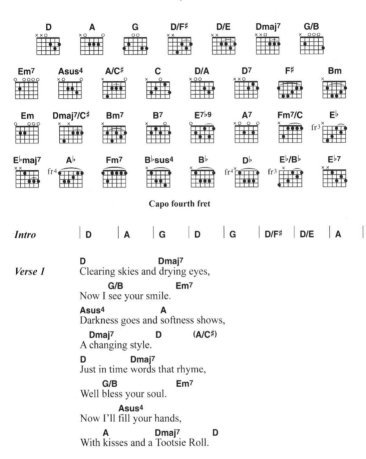

Capo fourth fret

Intro | D | A | G | D | G | D/F♯ | D/E | A |

Verse 1

    D   **Dmaj7**
Clearing skies and drying eyes,

         G/B   **Em7**
Now I see your smile.

Asus4   **A**
Darkness goes and softness shows,

   Dmaj7   **D**   **(A/C♯)**
A changing style.

D   **Dmaj7**
Just in time words that rhyme,

     G/B   **Em7**
Well bless your soul.

          Asus4
Now I'll fill your hands,

      A   **Dmaj7**   **D**
With kisses and a Tootsie Roll.

Chorus 1

       C   **G/B**
Oh re - ality, it's not for me,

        D/A   **D7**
And it makes me laugh, oh,

C   **G/B**
Fantasy world and Disney girls,

    D/A   **D**   **A**
I'm coming back.

Verse 2

D   **Dmaj7**
Patti Page and summer days,

    G/B   **Em7**
On old Cape Cod.

Asus4   **A**
Happy times making wine,

 Dmaj7   **D**   **(A/C♯)**
In my garage.

D   **Dmaj7**
Country shade and lemonade,

    G/B   **Em7**
Guess I'm slowing down.

    Asus4
It's a turned back world,

    A   **Dmaj7**   **D**
With a local girl, in a smaller town.

Chorus 2

C   **G/B**
Open cars and clearer stars,

    D/A   **D7**
That's what I've lacked, oh.

    C   **G/B**
But fantasy world and Disney girls,

D/A   **F♯**
I'm coming back.

Verse 3

Bm
Love... Hi Rick and Dave,

          Em
Hi Pop... Well good morning Mom.

A
Love... get up guess what,

     Dmaj7/C♯   **Bm7**
I'm in love with a girl I found.

G
She's really swell, cause she likes,

F♯   **B7**   **E7♭9**   **A7**   **Fm7/C**
Church, bingo chances and old time dances, ooh.

Verse 4

E♭   E♭maj7
All my life I spent the nights,

  A♭   Fm7
With dreams of you.

  B♭sus4
And the warmth I missed,

   B♭
And for the things I wished,

E♭maj7   E♭
They're all coming true.

       E♭maj7
I've got my love to give, and a place to live,

  A♭   Fm7
Guess I'm gonna stay.

   B♭sus4   B♭
It'd be a peaceful life, with a forever wife,

   E♭maj7   E♭
And a kid someday.

Chorus 3

     D♭   A♭
Well it's early nights, and pillow fights,

  E♭/B♭   E♭7
And your soft laugh, oh.

D♭   A♭
Fantasy world and Disney girls,

  E♭/B♭   E♭
I'm coming back.

Outro   ‖: As Verse 4 (Instrumental) :‖ *Repeat to fade*

Dance, Dance, Dance

Words & Music by Brian Wilson, Carl Wilson & Mike Love

G   C   D   F   C7   B   Dsus4/C

C/D   F#   C#   D#   G#   C#7   C*   D#7

Intro
| G | C D | F | C D |

Verse 1

G   C   D
After six hours of school I've had enough for the day,

F   C   D
I hit the radio dial and turn it up all the way.

Chorus 1

G   C7
I gotta dance, right on the spot,

G
The beat's really hot,

B
Dance (dance),

C
Dance (dance),

Dsus4/C   D
Dance (dance) yeah!

Verse 2

G   C   D
When I feel put down I try to shake it off quick,

F   C   D
With my chick by my side the radi - o does the trick.

Chorus 2   As Chorus 1

Instrumental
| G | G | G | G | C | C |
| G | G | B | C | C/D | D |

Verse 3

          G   **C**   **D**
At a weekend dance we like to show up last,

      F♯   **C♯**   **D♯**
I play it cool when it's slow and jump it when it's fast.

Chorus 3

          G♯   **C♯7**
‖: I gotta dance, right on the spot.

          G♯
This beat's really hot.

C*
Dance (dance),

C♯
Dance (dance),

D♯7   **D♯**
Dance (dance) yeah! :‖   *Repeat to fade*

Darlin'

Words & Music by Brian Wilson & Mike Love

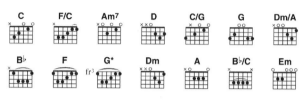

Tune guitar down a semitone

Intro
    C   **F/C**
Oh, darlin',
     Am7   **D**
My darlin' you're so fine,
C/G **G** **Dm/A** ‖ **B♭**   **F**   **B♭**   **F** **G***
Oh,＿＿＿＿＿＿＿＿＿

Verse 1
            Dm   **G**
Don't know if words can say,
           Dm   **G**
But darlin' I'll find a way,
                   C   **G**
To let you know what you meant to me,
        C   **A**
Guess it was meant to be.
       Dm   **G**
I hold you in my heart,
           Dm   **G**
As life's most precious part,

Chorus 1
    C
Oh darlin',
  F/C   **Am7**
I dream about you often my pretty darlin',
  D   **C/G**
I love the way you soften my life with your love,
     G   **Dm/A** ‖ **B♭** **F** **B♭** **F** **G***
Your precious love, uh huh, oh.

Verse 2

            Dm   **G**
I was living like half a man,

                Dm   **G**
Then I couldn't love but now I can.

                  C   **G**
You pick me up when I'm feeling sad,

             C   **A**
More soul than I ever had.

                Dm   **G**
Gonna love you every single night,

                  Dm   **G**
'Cause I think you're too outta sight.

Chorus 2

  C
Oh darlin',

F/C   **Am⁷**
I dream about you often my pretty darlin',

D   **C/G**
I love the way you soften my life with your love,

  G   **Dm/A**
Your precious love, uh huh.

| **B♭/C** | **F** | |

G   **B♭/C**
  Woah oh, oh oh,

F   **G**   **B♭/C**   **F G***
  Every night oh darlin',

                Dm   **Em**
Gonna love you every single night, yes I will,

               F   **G**
'Cause I think you're too doggone outta sight.

Outro   As Chorus 2   *To fade*

Do It Again

Words & Music by Brian Wilson & Mike Love

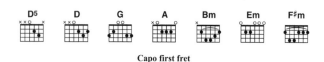

Capo first fret

Intro | D5 | D5 | D5 | D5 |

Verse 1

        D
It's automatic when I talk with old friends,

The conversation turns to girls we knew,

      G   **A**
When their hair was soft and long,

                  D
And the beach was the place to go.

Verse 2

   D
Suntanned bodies and waves of sunshine,

The California girls and a beautiful coastline,

G   **A**
Warmed up weather let's   get together and,

D
Do it again.

Chorus 1

D
Do, do, do, do, do, do,

Do, do, do, do, do.

Do, do, do, do, do, do,

Do, do, do, do, do.

G
Do, do, do, do, do, do,

A
  Dum, de, do, ra.

D
Do, do, do, do, do, do,

Do, do, do, do, do.

Middle

G   **Bm**   **Em**
  With a girl the lonely sea looks good,

G   **F♯m**   **Em** **A**
Makes your night-times warm and out of sight._____

So long,

A
Dit, dit, dit, dit, dit.

Dit, dit, dit, dit, dit.

Been so (long)

Guitar Solo | D | D | D | D | G | A |
long.

| D | D |

Verse 3

D
Well I've been thinking 'bout,

All the places we've surfed and danced and,

G
All the faces we've missed so let's get,

A   **D**
  Back together and do it again.

Chorus 2 ‖: As Chorus 1 :‖ *Repeat to fade*

41

Don't Back Down

Words & Music by Brian Wilson & Mike Love

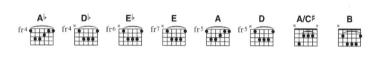

Verse 1

       A♭
The girls dig the way the guys get all wiped out,

With their feet in the air you can hear 'em shout,
          D♭
They're not a - fraid, (don't back down, don't back down.)
     A♭
Not my boys. (don't back down, don't back down.)
  E♭   **E**
They grit their teeth, they don't back down.

Chorus 1

  A
  (Don't back down.)
     D   **E** **A**
You gotta be a little nuts,

(Don't back down.)
      D   **E**   **A**
But show 'em now who's got guts.

(Don't back down.)
D   **E**   **D** **A/C♯** **B**
Don't back down from that wave._____

Verse 2
(B)   **A♭**
With their feet full of tar and their hair full of sand,

The boys know the surf like the palm of their hand,
          D♭
They're not a - fraid, (don't back down, don't back down.)
    A♭
Not my boys. (don't back down, don't back down.)
  E♭   **E**
They grit their teeth, they don't back down.

Chorus 2   As Chorus 1

Verse 3
(B)   **A♭**
When a twenty-footer sneaks up like a ton of lead,

And the crest comes along and slaps 'em upside the head,
          D♭
They're not a - fraid, (don't back down, don't back down.)
    A♭
Not my boys. (Don't back down, don't back down.)
  E♭   **E**
They grit their teeth, they don't back down.

Chorus 3   As Chorus 1

Outro
A   **D**   **E**
Don't back down. Ooh.____   *To fade*

Don't Talk
(Put Your Head On My Shoulder)

Words & Music by Brian Wilson & Tony Asher

Dm7　F6　E　Em7♭5　A　F/C

Bm7♭5　B♭m　F/A　Gm　C9　E♭9

G7/F　C/G　B♭/A♭　E♭/G　Gdim　C

Capo first fret

Verse 1

Dm7　　　　　F6　　　　　　E
　I can hear so much in your sighs,

Em7♭5　　　A　　　F/C　　　　Bm7♭5
　And I can see so much in your eyes,

B♭m　　　F/A　　　　　　　Gm
　There are words we both could say.

Chorus 1

C9　　　　　　　　　　Gm
　But don't talk, put your head on my shoulder,

C9　　　　　　　　　　Gm
　Come close, close your eyes and be still.

E♭9　　　　　　　　　B♭m　　　　　　　　　　F/C
　Don't talk, take my hand and let me hear your heart beat.

Verse 2

Dm7　　　　　　　F6　　　　　E
　Being here with you feels so right,

Em7♭5　　　A　　　F/C　　Bm7♭5
　We could live for - ever to - night,

B♭m　　　F/A　　　　　　Gm
　Let's not think about to - morrow.

Chorus 2

C⁹　　　　　　　　　　　**Gm**
　And don't talk put your head on my shoulder,
C⁹　　　　　　　　　　　**Gm**
　Come close, close your eyes and be still.
E♭⁹　　　　　　　　　**B♭m**　　　　　　　　　**F/C**
　Don't talk, take my hand and listen to my heart beat,
　　　　　　Dm7
Listen, listen, listen.

Link　　　| **G7/F** | **C/G** | **B♭/A♭** | **E♭/G** | **Gdim** | **F/A** | **B♭m** | **C** | **C** |

Chorus 3

C⁹　　　　　　　　　**Gm**
　Don't talk, put your head on my shoulder,
C⁹　　　　　　　　　**Gm**
　Don't talk, close your eyes and be still.
C⁹　　　　　　　　　**Gm**
　Don't talk, put your head on my shoulder,
C⁹　　　　　　　　　**Gm**
　Don't talk, close your eyes and be still.
C⁹　　　　　　　　　**Gm**
　Don't talk, put your head on my shoulder.　　　*To fade*

Don't Worry Baby

Words & Music by Brian Wilson & Roger Christian

E	A	A/B	B	F♯m7	G♯m7	C♯	F♯

fr4 (G♯m7)   fr4 (C♯)

Intro

E   A   A/B
Ah, _____

E   A   A/B
Ah. _____

Verse 1

E
    Well it's been building up inside of me,

  A   B
For oh, I don't know how long.

E
  I don't know why,

But I keep thinking,

A   B
Something's bound to go wrong.

Chorus 1

F♯m7   B
  But she looks in my eyes,

G♯m7   C♯
  And makes me realise.

        F♯
And she says (don't worry baby),

          G♯m7   C♯
Don't worry baby (don't worry baby),

                F♯
Everything will turn out all right (don't worry baby),

          G♯m7   C♯
Don't worry baby (don't worry baby).

B
Oo, oo.

Verse 2

E
    I guess I should've kept my mouth shut,

    A   B
When I started to brag a - bout my car.

E
    But I can't back down now because,

    A   B
I pushed the other guys too far.

Chorus 2

F♯m7   B
    She makes me come alive,

G♯m7   C♯
    And makes me wanna drive,

        F♯
When she says (don't worry baby),

           G♯m7   C♯
Don't worry baby (don't worry baby),

                           F♯
Everything will turn out all right (don't worry baby),

           G♯m7   C♯
Don't worry baby (don't worry baby).

B
Oo, oo.

Instrumental ‖: E | E | A | A/B   :‖

Verse 3

E
    She told me "Baby, when you race today,

    A   B
Just take along my love with you.

E
    And if you knew how much I loved you,

        A   B
Baby nothing could go wrong with you."

Chorus 3

F♯m7   B
    Oh what she does to me,

G♯m7   C♯
    When she makes love to me,

        F♯
And she says (don't worry baby),

           G♯m7   C♯
‖: Don't worry baby (don't worry baby),

                F♯
Everything will turn out all right (don't worry baby); ‖ *Repeat to fade*

Feel Flows

Words & Music by Carl Wilson & Jack Rieley

F/C   C   Em7   F   G   E♭   Cm7

| **Intro** | F/C | F/C |

Verse 1

C   Em7   F
Unfolding enveloping missiles of soul,

C   G   F
Recall senses sadly.

C   Em7   F
Mirage like soft blue like lanterns below,

C G   F
To light the way gladly.

C   Em7   F
Whether whistling heaven's clouds disappear,

C   G   F
Where the wind withers memory.

C   F
Whether whiteness whisks soft shadows away,

E♭
Feel goes (White hot glistening shadowy flows),

F
Feel flows (Black hot glistening shadowy flows).

Verse 2

C   Em7   F
Unbending never ending tablets of time,

C G   F
Re - cord all the yearning.

C   Em7   F
Unfearing all appearing message divine,

C G   F
Eases the burning.

C   Em7   F
Whether willing witness waits at my mind,

C   G   F
Whether hope dampens memory.

C   F
Whether wondrous will stands tall at my side,

cont.

E♭
Feel flows (White hot glistening shadowy flows),

F
Feel goes (Black hot glistening shadowy flows).

Flute Solo

‖: Cm7　　|F　　　|Cm7　　|F　　　　:‖ *Play 6 times*

|Cm7　　|F　　|F　　|F　　|F　　‖

|C　Em7 |F　　|C　Em7 |F　　|

|C　Em7 |F　　‖

Verse 3

C　　　　Em7　　　　　F
Encasing all embracing wreath of repose,

C　　G　　　　F
En - gulfs all the senses.

C　　　　Em7　　F
Imposing,　unclosing thoughts that compose,

C　　G　　F
Re - tire the fences.

C　　　　Em7　　　　　　F
Whether wholly heartened life fades away,

C　　　　G　　　　　F
Whether harps heal the memory.

C　　　　　　　　F
Whether wholly heartened life fades away,

C　　　　　　　　　　　F
Whether wondrous will stands tall at my side.

C　　　　　　　　　　F
Whether whiteness whisks soft shadows away,

E♭
Feel goes (White hot glistening shadowy flows),

F
Feel flows (Black hot glistening shadowy flows).

E♭
Feel goes (White hot glistening shadowy flows),

F
Feelings to grow (White hot glistening shadowy flows).

Link

|Cm7　　|F　　　|Cm7　　|F　　　|

Outro

　　Cm7　　　　　　F
‖: White hot glistening shadowy flows,

Cm7　　　　　　F
White hot glistening shadowy flows.　:‖ *Repeat to fade*

49

Forever

Words & Music by Dennis Wilson & Gregg Jakobson

Capo first fret

Intro | D | A/C♯ | Bm | A | G | G/F♯ | Em⁷ | Em⁷ ||

Verse 1

         D   A/C♯
If every word I said,

Bm   A   G   G/F♯   Em⁷
Could make you laugh, I'd talk for - ever.

         D   A/C♯
I ask the sky just what we had,

Bm   A   G   G/F♯   Em⁷
   Mmm, it shone for - ever.

D   A/C♯
If the song I sing to you,

        Bm   A   G   G/F♯   Em⁷
Could fill your heart with joy, I'd sing for - ever.

        G/D   G⁷
For - ever, for - ever,

C   A   F♯m⁷
   I've been so happy loving you.

D   A/C♯ Bm   A   G   G/F♯   Em⁷
Do do, do, do, do, do, do, do, do,   to - gether my love.

Verse 2

           D   A/C♯
Let the love I have for you,

Bm   A
Live in your heart,

           G   G/F♯   Em⁷
And beat for - ever,

        G/D   G⁷
For - ever, for - ever,

C   A   F♯m⁷
I've been so happy loving you.

Middle

D
Baby, baby, sing it my baby,

B
   I wanna be singing my baby.

D
Sing it, sing it, sing it, my baby,

B
Baby, baby, baby my baby.

G   **G/F♯**   **Em⁷**
Oh,——— my, my, my, my, my.

Verse 3

D   **A/C♯**
So I'm goin' a - way,

Bm **A**   **G**   **G/F♯**   **Em⁷**
Mmm, but not for - ever.

   D   **A/C♯**   **Bm**   **A**
I gotta love you in your way,

          G   **G/F♯**   **Em⁷** **D**
Mmm, for - ever.   *To fade*

Friends

Words & Music by Brian Wilson, Carl Wilson, Dennis Wilson & Al Jardine

(Chord diagrams: D, G, E♭, A♭, Gm, F, A, D*, E, G*, A/D, Gm/D, Am/D, Em, Bm, F♯m, E/G♯, D/A, F♯/A♯, C, B♭)

Verse 1

        D   G
We've been friends now,

    D   G
For so many years.

E♭   A♭
We've been to - gether,

        E♭   A♭
Through the good times and the tears.

       Gm   F
Turned each other on,

       Gm   F   A
To the good things that life has to give.

| D* | E | G* | A/D Gm/D Am/D | D* | D* |
Ah._____

Verse 2

        D   G
We drift a - part,

      D   G
For a little bit of a spell.

     E♭   A♭
One night I get a call,

       E♭   A♭
And I know that you're well.

     Gm   F
And days I was down,

       Gm   F   A
You would help me get out of my hole.

| D* | E | G* | A/D Gm/D Am/D | D* | D* |
Ah._____

Interlude | Em | Bm | Em | A |
           Oh._____

           | D* | F#m | G* |

|E/G#   D/A|
Chorus 1   Let's be friends,

|F#/A#   Bm|
Let's be friends,

|C   G*   A|
    Let's be friends. _____

|D   G|
Verse 3   You told me,

| D   G|
When my girl was un - true.

|Eb   Ab|
I loaned you money,

| Eb   Ab|
When the funds weren't too cool.

|Gm   F|
I talked your folks,

| Gm   F   A|
Out of making you cut off your hair.

| D* | E | G* | A/D Gm/D Am/D | D* | D* |
Ah._____

|D   G|
Verse 4   We've been friends now,

| D   G|
For so many years.

|Eb   Ab|
We've been to - gether,

| Eb   Ab|
Through the good times and the tears.

|Gm   F|
Dim dipple ee, dim dipple ah,

|Gm   F   A|
Dim dipple oo, dim dee ah oh,

| D* | E | G* | A/D Gm/D Am/D | D* | D* |
Ah._____

Outro | D | C | Bb | A | D   ‖

Farmer's Daughter

Words & Music by Brian Wilson & Mike Love

F   B♭   C   Dm⁷

Intro | F | F   ‖

Verse 1
F   B♭   F
I've come,   come from miles away,
B♭   C
Ain't got no place to stay.
F   B♭   F   Dm⁷
Glad to   help you plow your fields,
B♭   C   F
Farm - er's daughter.

Verse 2
F   B♭   F
Might be   just a couple of days,
B♭   C
Clean up, rest and on my way.
F   B♭   F   Dm⁷
Thank you   and I'm much obliged,
B♭   C   F
Farm - er's daughter.

Bridge
B♭   F
Mmm._____
B♭   C
Mmm._____

Verse 3
F   B♭   F
So long,   better leave your land,
B♭   C
Many thanks, it was mighty grand.
F   B♭   F   Dm⁷
I hope,   hope to see you again,
B♭   C   F
Farm - er's daughter.

Outro
F   B♭   C   F
Oh, farm - er's daughter.
B♭   C   F
Oh, farm - er's daughter. *To fade*

Fun, Fun, Fun

Words & Music by Brian Wilson & Mike Love

E   A   B   G#m   E/G#   B/F#   F#

Tune guitar down a semitone

Intro		E	E	E	E	
		A	A	E	E	
		B	A	E	B	

Verse 1

B   **E**
Well she got her daddy's car,

                                    A
And she cruised through the hamburger stand now,

             E
Seems she for - got all about the library,

                B
Like she told her old man now.

            E
And with the radio blasting,

                      A
Goes cruising just as fast as she can now.

            E   **G#m**
And she'll have fun, fun, fun,

    A   **B**   **E**
Till her daddy takes the T-Bird a - way.

       A   **E/G#**   **B/F#**   **(E)**
(Fun, fun, fun till her daddy takes the T-Bird a - way.)

Verse 2

(B/F#)   E
Well the girls can't stand her,

                        A
'Cause she walks, looks and drives like an ace now.

(You walk like an ace now, you walk like an ace.)

               E   B
She makes the Indy 500 look like a Roman chariot race now.

(You look like an ace now, you look like an ace.)

     E
A lotta guys try to catch her,

                           A
But she leads them on a wild goose chase now,

(You drive like an ace now, you drive like an ace.)

          E   G#m
And she'll have fun, fun, fun,

        A   B   E
Till her daddy takes the T-Bird a - way.

         A   E/G#   F#   B
(Fun, fun, fun till her daddy takes the T-Bird a - way.)

Instrumental | B | B | E | E |

                    | B | B | F# | B   ‖

Verse 3

(B)   E
Well you knew all along,

                         A
That your dad was getting wise to you now,

(You shouldn't have lied now, you shouldn't have lied.)

             E
And since he took your set of keys,

                      B
You've been thinking that your fun is all through now.

(You shouldn't have lied now, you shouldn't have lied.)

          E
But you can come along with me,

                     A
'Cause we gotta a lot of things to do now,

(You shouldn't have lied now, you shouldn't have lied.)

           E   G♯m
And we'll have fun, fun, fun,

        A   B   E
Now that daddy took the T-Bird a - way.

        A   E/G♯   B/F♯   (E)
(Fun, fun, fun now that daddy took the T-Bird a - way.)

(B/F♯)   E   G♯m
And we'll have fun, fun, fun

        A   B   E
Now that daddy took the T-Bird a - way.

        A   E/G♯   F♯   (B)
(Fun, fun, fun now that daddy took the T-Bird a - way.)

Outro

  B   E
‖: Fun, fun, now that daddy took the T-Bird a - way.

                    A   B
Fun, fun, now that daddy took the T-Bird a - way. :‖ *Repeat to fade*

57

Girl Don't Tell Me

Words & Music by Brian Wilson

A   C   D   E   F#m   C#m   B
fr⁴

Verse 1

    A   C
Hi little girl, it's me,

            D   A
Don't you know who I am?

I met you last summer when,

    C   D   A
I came up to stay with my gran.

        E   A
I'm the guy___ who,

E   A   E
Left you with tears in his eyes.

          F#m   C#m
You didn't answer my letters,

        F#m   C#m B   D
So I figured it was just a lie. ___

Verse 2

        A   C
Your hair's getting long and your shorts,

            D   A
Mmm, they sure fit you fine.

I'll bet you went out,

       C   D   A
Every night during your school time.

        E   A   E   A   E
But this time___ I'm not gonna count on you.

      F#m   C#m
I'll see you this summer,

        F#m   C#m   B   D
And forget you when I go back to school. ___

	Bm C#m F#m E
Chorus 1	Girl don't tell me you'll wri - te,
	Bm C#m D E
	Girl don't tell me you'll wri - te.
	Bm C#m F#m
	Girl don't tell me you'll write me,
	E A
	Again this time.

Link | A | A |

Verse 3   As Verse 1

Chorus 2   As Chorus 1

	Bm C#m F#m
Outro	Girl don't tell me you'll write me,
	E A
	Again this time.

God Only Knows

Words & Music by Brian Wilson & Tony Asher

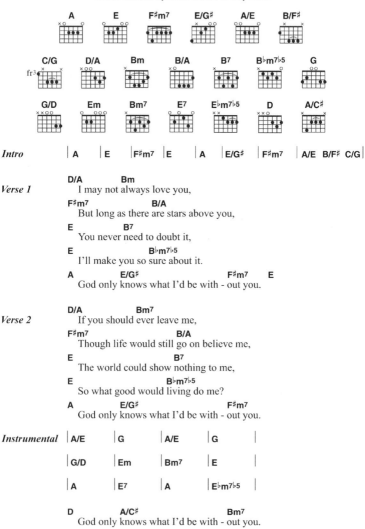

Intro | A | E | F♯m7 | E | A | E/G♯ | F♯m7 | A/E B/F♯ C/G |

Verse 1

D/A   Bm
I may not always love you,

F♯m7   B/A
But long as there are stars above you,

E   B7
You never need to doubt it,

E   B♭m7♭5
I'll make you so sure about it.

A   E/G♯   F♯m7   E
God only knows what I'd be with - out you.

Verse 2

D/A   Bm7
If you should ever leave me,

F♯m7   B/A
Though life would still go on believe me,

E   B7
The world could show nothing to me,

E   B♭m7♭5
So what good would living do me?

A   E/G♯   F♯m7
God only knows what I'd be with - out you.

Instrumental | A/E | G | A/E | G |

| G/D | Em | Bm7 | E |

| A | E7 | A | E♭m7♭5 |

D   A/C♯   Bm7
God only knows what I'd be with - out you.

Verse 3

D/A   **Bm⁷**
If you should ever leave me,

F♯m⁷   **B/A**
Though life would still go on believe me.

E   **B⁷**
The world could show nothing to me,

E   **B♭m⁷♭5**
So what good would living do me?

A   **E/G♯**   **F♯m**   **E/G♯**
God only knows what I'd be with - out you.

Outro

‖: **A**   **E/G♯**   **F♯m**   **E/G♯**
   God only knows what I'd be with - out you,

(God only knows what I'd be without you)

A   **E/G♯**   **F♯m**   **E/G♯**
God only knows what I'd be with - out you,

(God only knows what I'd be without you)   :‖ *Repeat to fade*

Goin' On

Words & Music by Brian Wilson & Mike Love

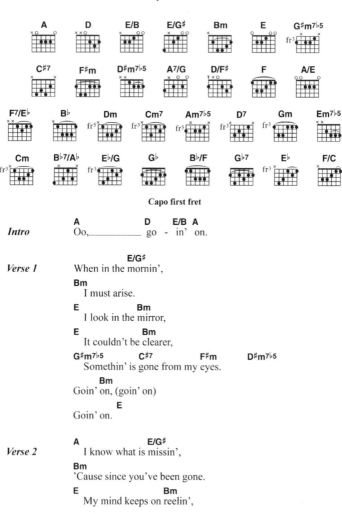

Capo first fret

Intro
    A   D   E/B A
    Oo,_____ go - in' on.

Verse 1
               E/G♯
    When in the mornin',

    Bm
      I must arise.

    E   Bm
      I look in the mirror,

    E   Bm
      It couldn't be clearer,

    G♯m7♭5   C♯7   F♯m   D♯m7♭5
      Somethin' is gone from my eyes.

           Bm
    Goin' on, (goin' on)

             E
    Goin' on.

Verse 2
    A   E/G♯
      I know what is missin',

    Bm
    'Cause since you've been gone.

    E   Bm
      My mind keeps on reelin',

cont.

E   Bm
My heart keeps on feelin',

G♯m7♭5   C♯7   F♯m   D♯m7♭5
Why is my love goin' on, (goin' on)

     Bm
Goin' on, (goin' on)

       E
Goin' on.

Bridge

A
I love you,

A7/G
I miss you,

D/F♯   F
Things won't be the same till I kiss you.

A/E
I'm empty,

F7/E♭
Without you,

D   E/B
My heart's full with my arms about you.

A   D   E/B
Oo. _____

Verse 3

A   E/G♯
We said it was over,

Bm
We're livin' apart.

E   Bm
We couldn't quite make it,

(We couldn't quite make it)

E   Bm
But still I can't shake it,

(But still I can't shake it)

G♯m7♭5   C♯7   F♯m
Our love still lives on in my heart,

     D♯m7♭5
(In my heart)

     Bm
Goin' on, (goin' on)

      E
Goin' on.

Bridge 2

A   **A7/G**
I love you,   forever,

D/F♯   **F**
Love won't be the same again ever,

        A/E
(Same again ever).

        F7/E♭
Without you, (without you)

        D
I'm longing, (I'm longing)

        E/B
You gave me a sense of belonging.

A   **E/B B♭**
Ooh,——————————— go - in' on.

Sax Solo | **Dm** | **Cm7** | **Cm7** ‖ **F** | **Cm7** | **F** | **Cm7** |

Am7♭5   **D7**   **Gm**   **Em7♭5**
Why is my love goin' on, (goin' on)

     Cm   **F**
Goin' on, (goin' on), goin' on?

Bridge 3

B♭   **B♭7/A♭**   **E♭7/G**
I love you, I miss you, I'm sorry,

G♭   **B♭/F**
Forgive me, (won't you forgive me)

        G♭7
Believe me, (believe me)

     E♭
My lover, (my lover)

        F/C
There never could be any other.

B♭   **E♭**   **F/C**
Ooh.————————

Bridge 4

B♭   **B♭7/A♭**
Come be my, redeemer.

E♭/G   **G♭**   **B♭/F**
Awaken me beautiful dreamer, (beautiful dreamer)

      G♭7   **E♭**
I love you, (I love you) I miss you, (I miss you)

        F/C
Things won't be the same 'til I'm with you.

‖: **B♭** | **B♭/A♭** | **E♭/G** | **G♭** | **B♭/F** | **G♭7** | **E♭** | **F/C** :‖ *To fade*
Ah.————————————

64

Good Timin'

Words & Music by Brian Wilson & Carl Wilson

Intro

D   A/C♯   Bm⁷   (Bm7/A)
Good, good timin', good, good timin',

G   Bm⁷ G/D   Bm⁷
Ah,——— Ah.———

           G   Bm⁷   B♭   A
You need good timin',   good, good timin'.

Verse 1

D   A/C♯   Em/B
All us people,

D   A/C♯   Em
Now we're just living,

G   D   Em
The world keeps turning,

G   D   Em   A
And we're all learning,   about,

Chorus 1

D   A/C♯   Bm⁷
Good, good timin', good, good timin'.

    (Bm7/A)   G   Bm⁷
You need good timin',

          G/D   Bm⁷
It takes good timin'.

           G   Bm⁷ B♭   A
You need good timin',   good, good timin'.

Verse 2

D   A/C♯   Em/B
We're all goin' places,

D   A   Em
Sharing each other.

G   D   Em
Our cele - bration,

G   D   Em   A
Of being to - gether,   I love,

Chorus 2   As Chorus 1   *Repeat to fade*

Good Vibrations

Words & Music by Brian Wilson & Mike Love

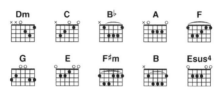

Capo first fret

Verse 1

    Dm   **C**
I, I love the colourful clothes she wears.

         B♭   **A**
And the way the sunlight plays upon her hair.

Dm   **C**
I hear the sound of a gentle word,

       B♭   **A**   **C**
On the wind that lifts her perfume through the air.

Chorus 1

F
I'm pickin' up good vibrations,

She's giving me excitations.

I'm pickin' up good vibrations,

She's giving me excitations.

G
Good, good, good, good vibrations,

She's giving me excitations.

A
Good, good, good, good vibrations,

She's giving me excitations.

Verse 2

Dm
Close my eyes,

     C
She's somehow closer now.

B♭   **A**
Softly smile, I know she must be kind.

Dm   **C**
When I look in her eyes,

    B♭   **A**   **C**
She goes with me to a blossom world.

Chorus 2 As Chorus 1

Interlude | **A** | **A** | **A** | **A** |
      (-tations)

      | **A** | **A** |

      D
      I don't know where but she sends me there,

            A
      (My, my, what a sen - sation),

      (Ah, my, my, what elations),

      (Ah, my, my what).

      | **E** | **E** | **F♯m** | **B** |

      E
Middle   Gotta keep those lovin', good,

      F♯m   **B**
      Vibrations a-happenin' with her.

      E
      Gotta keep those lovin', good,

      F♯m   **B**
      Vibrations a-happenin' with her.

      E
      Gotta keep those lovin', good,

      F♯m   **B**
      Vibrations a-happenin'.

      | **E** | **E** | **F♯m** | **B** | **E** | **E** |

      Esus⁴   **N.C.**
      Aah.

Chorus 3

A
Good, good, good, good vibrations.

She's giving me excitations,
G
Good, good, good, good, vibrations.

| F | F | |

Outro

F
Na, na, na, na, na, na, na, na.
G
Na, na, na, na, na, na, na, na.
A
Na, na, na, na, na, na, na, na.
G
Na, na, na, na, na, na, na, na.

‖: G | G   :‖   *Repeat to fade*

Heroes And Villains

Words & Music by Brian Wilson & Van Dyke Parks

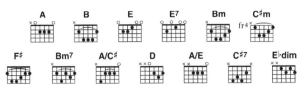

Capo fourth fret

Verse 1

    A
I've been in this town so long that back in the city,

I've been taken for lost and gone,

    B
And unknown for a long long time.

    E
Fell in love years ago,

With an innocent girl,

From the Spanish and Indian home,

    A
Home of the heroes and villains.

Verse 2

  A
Once at night Catillian squared the fight,

And she was right in the rain of the bullets,

  B
That eventually brought her down.

  E
But she's still dancing in the night,

Unafraid of what a dude'll do,

    A   **E⁷**
In a town full of heroes and villains.

Chorus 1

Bm
Heroes and villains,

Just see what you've done.

| E | E | |

Bm
Heroes and villains,

Just see what you've done.

| E | E | |

C♯m   F♯   Bm
Na, na, na, na, na, na, na, na.

Verse 3

A
La, la, la, la, la, la, la, la, la, la,

La, la, la, la, la, la, la, la, la, la,

B
La, la, la.

       E
Stand or fall I know there,

Shall be peace in the valley,

And it's all an affair,

                          A
Of my life with the heroes and villains.

Interlude 1

| A | A | B | E | E | A | E⁷   ‖

Verse 4

A   Bm7
My children were raised,

              A/C♯   D
You know they suddenly rise.

        A/E   D
They started slow, long a - go,

        A/C♯   Bm7   E   A
Head to toe, healthy, wealthy and wise.

Interlude 2

| A   Bm7   A/C♯   D | A/E   D   A/C♯   Bm7 ‖

Bridge

     A   **C♯7**
I've been in this town so long,

D   **E♭dim**
 So long to the city.

A/E   **E♭dim**
 I'm fit with the stuff,

A/E   **E♭dim**
 To ride in the rough.

     A/E   **E♭dim**   **E7**
And sunny down snuff I'm all right,

By the heroes and…

Chorus 2

‖: **Bm**
 Heroes and villains,

Just see what you've done.

| **E** | **E** | |

Bm
Heroes and villains,

Just see what you've done.

| **E** | **E** | **C♯m F♯** | **Bm** | ‖ *To fade*

Help Me, Rhonda

Words & Music by Brian Wilson & Mike Love

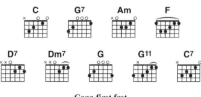

Capo first fret

Verse 1

       C   G7   C
Well since she put me down I've been out doin' in my head.

I come in late at night,
                 G7   C
And in the morning I just lay in bed.
     Am
But Rhonda you look so fine,
      F   D7
And I know it wouldn't take much time,
            C
For you to,   help me Rhonda,
Dm7   C
Help me get her out of my heart.

Chorus 1

G
  Help me, Rhonda, help, help me Rhonda,
C
  Help me, Rhonda, help, help me Rhonda,
G
  Help me, Rhonda, help, help me Rhonda,
C
  Help me, Rhonda, help, help me Rhonda,
F
  Help me, Rhonda, help, help me Rhonda,
Am   C
  Help me, Rhonda, help, help me Rhonda,
Dm7   G   N.C.   C
Help me, Rhonda, yeah, get her out of my heart.

Verse 2

        C
She was gonna be my wife,

      G¹¹   **C**   **F C**
And I was gonna be her man.

      C
But she let another guy,

      G¹¹   **C**   **F C**
Come be - tween us and it shattered our plan.

     Am
Oh Rhonda you caught my eye,

        F   **D⁷**
And I can give you lots of reasons why,

        C
You've gotta help me, Rhonda,

Dm⁷   **C**
Help me get her out of my heart.

Chorus 2   As Chorus 1

Instrumental | **C** | **C⁷** | **C** | **C⁷** | **F** | **F** |

                 | **C** | **C⁷** | **Dm⁷** | **F** | **C⁷** | **C⁷** ||

      G
Chorus 3   Help me, Rhonda, help, help me Rhonda,

      C
     Help me, Rhonda, help, help me Rhonda,

      G
     Help me, Rhonda, help, help me Rhonda,

      C
     Help me, Rhonda, help, help me Rhonda,

      F
     Help me, Rhonda, help, help me Rhonda,

      Am   **C**
     Help me, Rhonda, help, help me Rhonda,

      Dm⁷   **G**   **N.C.**
Help me, Rhonda, yeah, get her out of my (heart.)

     | **C** | **C** | **C** | **C** ||
     heart.   *To fade*

Here Comes The Night

Words & Music by Brian Wilson & Mike Love

C   F/C   G   F7   Cm7/G   A♭

Intro | C F/C | C | C F/C | C   ‖

G
Verse 1   My heart was breaking till you started making me,
F/C   **C**
Feel like a natural man.
        G
My mind was a mess until you brought happiness,
                F/C   **C**
Well, that's not hard to under - stand.
                G
When I'm through working, just fussing and cussing,
        F/C   **C**
I'll be there just as quick as I can.

        (C)   **F7**
Chorus 1   Here comes the night,
Cm7/G   **A♭**
Hold me squeeze me don't ever leave me,
Cm7/G   **F7**
Tell me I'm doing all right.
Cm7/G   **A♭**
Hold me squeeze me don't ever leave me,
Cm7/G   **F7**
Tell me I'm doing all right.
Cm7/G   **A♭** **Cm7/G** **F7** **Cm7/G**
Hold me love me, ooh._____

Link 1　　　　| C F/C | C   ‖

Verse 2
　　　　　　　　G
　　　　　　　I know living is taking and giving,
　　　　　　　　　　F/C　　　　　　　C
　　　　　　　Baby I'm giving you my best.
　　　　　　　　G
　　　　　　　One of these days you know I'm gonna go crazy,
　　　　　　　　　　F/C　　　　　　C
　　　　　　　In the middle of your car - ess.
　　　　　　　　　　　　G
　　　　　　　When the day goes down, honey I'll be around,
　　　　　　　　　　　F/C　　　　　　　C
　　　　　　　Why don't you wear your pretty red dress.

Chorus 2　　　As Chorus 1

Link 2　　　　| C F/C | C   ‖

Verse 3
　　　　　　　　G
　　　　　　　Every morning our love is reborn,
　　　　　　　　　F/C　　　　　　　C
　　　　　　　And it lives with me all day long.
　　　　　　　　G
　　　　　　　Things start changing, take's a little rearranging,
　　　　　　　　　　F/C　　　　　　C
　　　　　　　But our love goes on and on.
　　　　　　　　G
　　　　　　　Stars that shine above are making you mine to love,
　　　　　　　　　F/C　　　　　C
　　　　　　　It's never, ever felt so strong.

　　　　　　　　(C)　　　　　　　F7
Chorus 3　　　Here comes the night,
　　　　　　　　Cm7/G　　　　　　A♭
　　　　　　　Hold me squeeze me don't ever leave me,
　　　　　　　　Cm7/G　　　　　F7
　　　　　　　Tell me I'm doing all right.
　　　　　　　　Cm7/G　　　　　　A♭
　　　　　　　Hold me squeeze me don't ever leave me,
　　　　　　　　Cm7/G　　　　　F7
　　　　　　　Tell me I'm doing all right.
　　　　　　　　Cm7/G　　　　　　A♭ Cm7/G F7 Cm7/G
　　　　　　　Hold me love me, ooh.＿＿＿＿＿＿＿　　*To fade*

75

Here Today

Words & Music by Brian Wilson & Tony Asher

Am/G   G   C   C/B   Am   Am7/G   F#m7♭5   B7

Em   D   B7/F#   Em/G   G/F#   G/F   Em7   D7

Capo second fret

Verse 1

     Am/G
     It starts with just a little glance now,
     G
     Right away you're thinking 'bout romance now.
     Am/G
     You know you ought to take it slower,
     G
     But you just can't wait to get to know her.

     C   **C/B** **Am** **Am7/G** **F#m7♭5**   **B7**   **Em**   **D**
     A brand new love af - fair is such a beautiful thing,
             C   **C/B** **Am**   **Am7/G** **F#m7♭5**   **B7**   **Em**
     But if you're not care - ful   think about the pain it can bring.

Pre-chorus 1

          B7/F#
     It makes you feel so bad,
             Em/G
     It makes your heart feel sad.
          B7/F#
     It makes your days go wrong,
            D
     It makes your nights so long.

     You've got to keep in mind love is,

Chorus 1

     G   **G/F#** **G/F** **Em7** **D7**
     Here   today,
           G   **G/F#** **G/F** **Em7** **D7**
     And it's gone   tomorrow,
       G   **G/F#** **G/F** **Em7** **D7**
     It's here and gone so   fast.

Verse 2

Am/G
Right now you think that she's perfection,

G
This time is really an exception.

Am/G
Well you know I hate to be a downer,

G
But I'm the guy she left before you found her.

C   C/B   Am   Am7/G   F#m7♭5   B7   Em   D
Well I'm not   say - ing   you won't have a good love with her,

C C/B   Am   Am7/G   F#m7♭5   B7   Em
But I keep on   re - membering things like they were.

Pre-chorus 2

B7/F#
She made me feel so bad,

Em/G
She made my heart feel sad,

B7/F#
She made my days go wrong,

D
And made my nights so long,

You've got to keep in mind love is,

Chorus 2   As Chorus 1

Instrumental   ‖: Am/G G │ Am/G   │ G/F   D │ G/F   :‖

│ C   C/B Am   Am7/G │ F#m7♭5 B7 │ Em   │ D   │

│ C   C/B Am   Am7/G │ F#m7♭5 B7 ‖ Em │ B7/F# │ Em/G │ B7/F# │ D   ‖

D
Keep in mind love is,

Chorus 3   As Chorus 1

Chorus 4   As Chorus 1   *To fade*

77

I Can Hear Music

Words & Music by Phil Spector, Ellie Greenwich & Jeff Barry

| D | F#m | G | A | Gm | Em | D7 |

Intro
D
Ah, ooh.

Verse 1
D   F#m G   A
This is the way   I always dreamed it would be,
D   F#m   G   Gm   A
   The way that it is,   oh, oh, when you are holding me.
G   A
I never had a love of my own, maybe that's why when we're all alone.

Chorus 1
D   Em   A
I can hear music,   I can hear music.
D   Em   A
   The sound of the city, baby,   seems to disap - pear.
          D   D7   G   Gm
Oh, and   I can hear music,   sweet, sweet music,
D   Em   A   D
   Whenever you touch me baby,   when - ever you're near.

Verse 2
D   F#m G   A
Loving you,   it keeps me satisfied,
D   F#m   G   Gm   A
   And I can't ex - plain, oh no, the way I'm feeling in - side.
G   A
You look at me we kiss and then, I close my eyes and here it comes again.

Chorus 2   As Chorus 1

D

Bridge 1   I hear the music all the time, yeah.

I hear the music, hold me tight now baby.

A

I hear the music all the time, I hear the music,

D

I hear the music (baby), aah.

Chorus 3   As Chorus 1   *To fade*

I Get Around

Words & Music by Brian Wilson & Mike Love

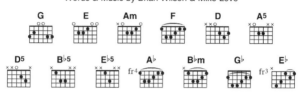

Intro
(G)
Round, round get around,

(E)
I get around, yeah,

(Am)   (F)   (D)
Get around, round, round, I get a - round.

Chorus 1
          G
I get a - round,

(Get around round round I get around)

          E
From town to town,

(Get around round round I get around)

          Am
I'm a real cool head,

(Get around round round I get around)

          F   D
I'm making real good bread.

(Get around round round I get around)

Verse 1
          A5
I'm getting bugged,

          D5   A5   D5
Driving up and down the same old strip,

          A5   D5
I gotta find a new place,

          A5   D5   G
Where the kids are hip.

A⁵   **D**⁵
My buddies and me,

     A⁵   **D**⁵
Are getting real well known,

    A⁵   **D**⁵
Yeah, the bad guys know us,

     A⁵   **D**⁵
And they leave us alone.

Chorus 2   As Chorus 1

       E   **A**
I get a - round.

       D
Interlude   Wah, wa, ooo.

       A
Wah, wa, ooo.

       E   **F**
Wah, wa, ooo.____

      B♭**5**   **E**♭**5**
Verse 2   We always take my car,

        B♭**5**   **E**♭**5**
'Cause it's never been beat,

        B♭**5**   **E**♭**5**
And we've never missed yet,

      B♭**5**   **E**♭**5**   **A**♭
With the girls we meet.

      B♭**5**   **E**♭**5**
None of the guys go steady,

      B♭**5**   **E**♭**5**
'Cause it wouldn't be right,

       B♭**5**   **E**♭**5**
To leave their best girl home now,

    B♭**5**   **E**♭**5**
On Saturday night.

Chorus 3

                A♭
I get a - round,

(Get around round round I get around)

                F
From town to town,

(Get around round round I get around)

                B♭m
I'm a real cool head,

(Get around round round I get around)

                G♭   **E♭**
I'm makin' real good bread.

(Get around round round I get around)

         F   **E♭**
I get a - round,_____

A♭
Round, round, get around,

F
I get around, yeah,

Outro

B♭m   **G♭**   **E♭**
Get around round round I get a - round.

     A♭
‖: Get around round round I get around,

F
Get around round round I get around,

B♭m   **G♭** **E♭**
Get around round round I get around.   :‖   *Repeat to fade*

I Know There's An Answer

Words & Music by Brian Wilson, Terry Sachen & Mike Love

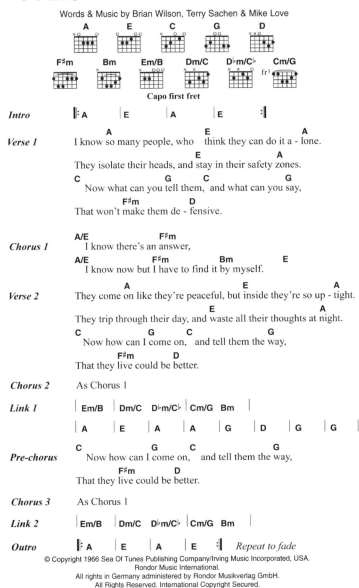

Capo first fret

Intro   ‖: A | E | A | E   :‖

Verse 1
        A   E   A
I know so many people, who   think they can do it a - lone.
                      E   A
They isolate their heads, and stay in their safety zones.
 C   G   C   G
   Now what can you tell them, and what can you say,
              F♯m   D
That won't make them de - fensive.

Chorus 1
A/E   F♯m
  I know there's an answer,
A/E   F♯m   Bm   E
  I know now but I have to find it by myself.

Verse 2
                A   E   A
They come on like they're peaceful, but inside they're so up - tight.
                    E   A
They trip through their day, and waste all their thoughts at night.
 C   G   C   G
   Now how can I come on, and tell them the way,
              F♯m   D
That they live could be better.

Chorus 2   As Chorus 1

Link 1 | Em/B | Dm/C D♭m/C♭ | Cm/G Bm |
            | A | E | A | A | G | D | G | G |

Pre-chorus
 C   G   C   G
   Now how can I come on,   and tell them the way,
              F♯m   D
That they live could be better.

Chorus 3   As Chorus 1

Link 2 | Em/B | Dm/C D♭m/C♭ | Cm/G Bm |

Outro   ‖: A | E | A | E :‖   *Repeat to fade*

I Just Wasn't Made For These Times

Words & Music by Brian Wilson & Tony Asher

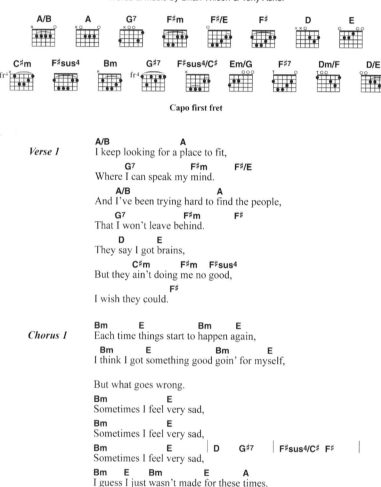

Capo first fret

Verse 1

    A/B   **A**
I keep looking for a place to fit,

        G⁷   **F♯m**   **F♯/E**
Where I can speak my mind.

    A/B   **A**
And I've been trying hard to find the people,

        G⁷   **F♯m**   **F♯**
That I won't leave behind.

       D   **E**
They say I got brains,

          C♯m   **F♯m** **F♯sus⁴**
But they ain't doing me no good,

                F♯
I wish they could.

Chorus 1

Bm   **E**   **Bm**   **E**
Each time things start to happen again,

 Bm   **E**   **Bm**   **E**
I think I got something good goin' for myself,

But what goes wrong.

Bm   **E**
Sometimes I feel very sad,

Bm   **E**
Sometimes I feel very sad,

Bm   **E** | **D**   **G♯7** | **F♯sus⁴/C♯** **F♯** |
Sometimes I feel very sad,

Bm   **E**   **Bm**   **E**   **A**
I guess I just wasn't made for these times.

Verse 2

A/B   **A**
Every time I get the inspiration,

  G7   **F♯m**   **F♯/E**
To go change things around.

A/B   **A**
No one wants to help me look for places,

    G7   **F♯m**   **F♯**
Where new things might be found.

D   **E**   **C♯m**   **F♯m**   **F♯sus4**
Where can I turn when my fair-weather friends cop out,

               F♯
What's it all about?

Chorus 2   As Chorus 1

Interlude | **A/B** | **A** | **G7** | **F♯m F♯** ‖

Outro

‖: **Bm**   **E**   **Bm**   **E**   **Bm**
I guess I just wasn't made for these times.

       E   **Bm**   **E**   **Bm**
(I guess) I just wasn't made for these times.

       E   **Em/G**   **F♯7**   **Dm/F**
(I guess) I just wasn't made for these times.

       D/E
(I guess) I just wasn't made for these times. :‖   *Repeat to fade*

I'd Love Just Once To See You

Words & Music by Brian Wilson & Mike Love

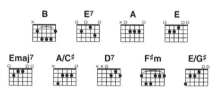

Capo second fret

Verse 1

      B   **E7**
I'm doing this and I'm doing that,

              A
And I'm a-walking the floor.

       B   **E7**
I drink a little of this and eat a little that,

             A
And poke my head out the door.

Bridge 1

E   **Emaj7**
  I get thinking I'm wasting the night away,

A/C♯
  I wouldn't mind if I could,

D7
Get with you right away.

E   **Emaj7**
  Oh honey don't know how long it's been.

A/C♯   **D7**
  But this feeling's building up inside again.

Verse 2

     B   **E7**
  I wash the dishes and I rinsed up the sink,

      A
Like a busy bee.

     B   **E7**
I make up a song as I'm a-working along,

      A
No one's watching me.

Bridge 2

E   Emaj⁷
 I wish that you were here to help me dry,

A/C♯   D⁷
 When's the last time you baked me a pie.

E   Emaj⁷
 You had a way of making it come alive,

A/C♯   D⁷
 It's not too late for you to take a drive.

Interlude | B | E⁷ |

B   E⁷   A
Ba, ba, ba ba, ba, ba, ba.

B   E⁷   A
Ba, ba, ba, ba, ba, ba, ba.

     E
Outro It's not too late,

  F♯m   E/G♯
I'd love just once to see you,

  F♯m   E/G♯
I'd love just once to see you,

  F♯m   B
I'd love just once to see you,

   E
In the nude.

I'm So Young

Words & Music by William H. "Prez" Tyus, Jr.

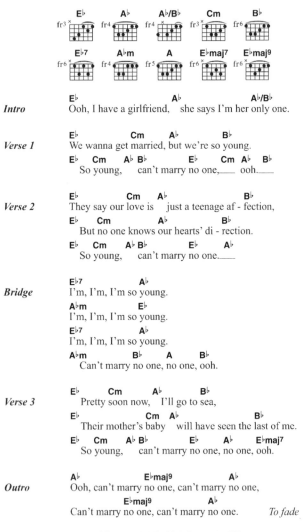

Intro

E♭　　　　　　　　　　A♭　　　　　A♭/B♭
Ooh, I have a girlfriend,　she says I'm her only one.

Verse 1

E♭　　　　　　Cm　　　A♭　　　B♭
We wanna get married, but we're so young.

E♭　Cm　　A♭ B♭　　　　E♭　　Cm A♭　B♭
So young,　can't marry no one,___ ooh.___

Verse 2

E♭　　　　　　Cm　　A♭　　　　　　　B♭
They say our love is　just a teenage af - fection,

E♭　Cm　　　　A♭　　　　　　B♭
But no one knows our hearts' di - rection.

E♭　Cm　　A♭ B♭　　　　E♭　　A♭
So young,　can't marry no one.___

Bridge

E♭7　　　　　　A♭
I'm, I'm, I'm so young.

A♭m　　　　　E♭
I'm, I'm, I'm so young.

E♭7　　　　　　A♭
I'm, I'm, I'm so young.

A♭m　　　　B♭　　　A　　B♭
Can't marry no one, no one, ooh.

Verse 3

E♭　　　Cm　　　A♭　　　　B♭
Pretty soon now,　I'll go to sea,

E♭　　　　　　　Cm　A♭　　　　　　　B♭
Their mother's baby　will have seen the last of me.

E♭　Cm　　A♭ B♭　　　　E♭　　A♭　　E♭maj7
So young,　can't marry no one, no one, ooh.

Outro

A♭　　　　　　　E♭maj9　　　　　　A♭
Ooh, can't marry no one, can't marry no one,

　　　　　E♭maj9　　　　　　A♭
Can't marry no one, can't marry no one.　*To fade*

In My Room

Words & Music by Brian Wilson & Gary Usher

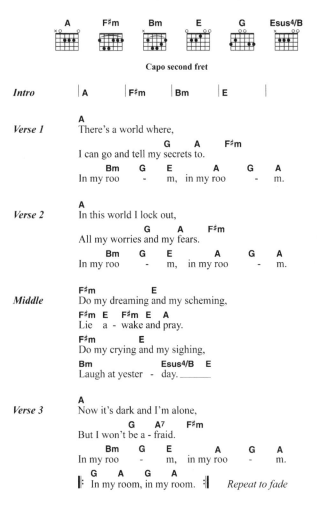

A   F♯m   Bm   E   G   Esus4/B

Capo second fret

Intro | A | F♯m | Bm | E |

Verse 1
> A
> There's a world where,
>
>   G   A   F♯m
> I can go and tell my secrets to.
>
>   Bm   G   E   A   G   A
> In my roo   -   m, in my roo   -   m.

Verse 2
> A
> In this world I lock out,
>
>   G   A   F♯m
> All my worries and my fears.
>
>   Bm   G   E   A   G   A
> In my roo   -   m, in my roo   -   m.

Middle
> F♯m   E
> Do my dreaming and my scheming,
>
> F♯m E F♯m E A
> Lie a - wake and pray.
>
> F♯m   E
> Do my crying and my sighing,
>
> Bm   Esus4/B   E
> Laugh at yester - day. _____

Verse 3
> A
> Now it's dark and I'm alone,
>
>   G   A7   F♯m
> But I won't be a - fraid.
>
>   Bm   G   E   A   G   A
> In my roo   -   m, in my roo   -   m.
>
>   G   A   G   A
> ‖: In my room, in my room. :‖   *Repeat to fade*

I'm Waiting For The Day

Words & Music by Brian Wilson & Mike Love

E   F#m   B7/F#   B7   G#m   A   Am   C#m7   B

Intro | E | E |

Verse 1
     E
    I came along when he broke your heart,
       F#m
   That's when you needed someone,
      B7/F# B7
   To help for - get about him.
     E
    I gave you love with a brand new start,
       F#m
   That's what you needed the most,
     B7/F#   B7
   To set your broken heart free.

Chorus
     G#m
    I know you cried, and you felt blue,
   A   Am
    But when I could I gave strength to you.
   G#m   C#m7   A   B   E | E
    I'm waiting for the day when you can love a - gain.

Verse 2
     E
    I kissed your lips,

   And when your face looked sad.
      F#m
   It made me think about him,
      B7
   And that you still loved him so.
     E
    But pretty soon,

cont.   I made you feel glad.

             F♯m
That you be - longed to me,

          B7
And love be - gan to show.

       G♯m
Chorus 2   He hurt you then, but that's all gone,

  A   **Am**
  I guess I'm saying you're the   only one.

  G♯m   **C♯m7**   **A**   **B**   **E** | **E**
  I'm waiting for the day when you can   love a - gain.

Interlude | **F♯m** | **B7** | **E** | **E**

              | **F♯m** | **B7**   ‖

       G♯m
Chorus 3   He hurt you then, but that's all done,

  A   **Am**
  I guess I'm saying you're the   only one.

  G♯m   **C♯m7**   **A**   **B**   **E͡**
  I'm waiting for the day when you can love a - gain.

              E
Outro   ‖: You didn't think,

That I could sit around and let him work.

You didn't think,

That I could sit around and let him take you.

You didn't think,

That I could sit around and let him go.

You didn't think,

That I could sit back and let you go. :‖   *Repeat to fade*

In The Back Of My Mind

Words & Music by Brian Wilson & Mike Love

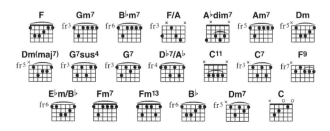

Verse 1

   F   Gm7
I'm blessed with   everything,

   B♭m7   F/A   A♭dim7
  A world to which a man can cling.

  Gm7   Am7   Dm   Dm(maj7)
  So happy times that I break out in tears,

  G7sus4   G7   D♭7/A♭   C11
  In the back of my mind I still have my   fears.

Verse 2

   F   Gm7
I live my life   with her,

   B♭m7   F/A   A♭dim7
  Love her true, she   knows I'm sure.

  Gm7   Am7   Dm   Dm(maj7)
  I make her happy just living so plain,

  G7sus4   G7   D♭7/A♭   C7
  In the back of my mind I'm a - fraid it's gonna change.

Bridge

Am⁷   F9   Gm⁷

I tried to run far away from thoughts,

        E♭m7/B♭

I shouldn't try to keep away,

   Fm⁷   Gm⁷   F   Dm

But they just keep coming back to me.

Am⁷   Fm⁷

I tried to rationalise,

   Gm⁷   E♭m7/B♭

But some day I might realise,

    Dm   G⁷   Fm13   C⁷

That things are just gonna be the way they'll   be.

Verse 3

F   Gm⁷

I know it's   so hard to find,

B♭m⁷   F/A   A♭dim⁷

A girl who really un - derstands your mind.

Gm⁷   Am⁷   B♭

What will I do if I lose her,

      Gm⁷ C⁷   Dm⁷ A♭dim⁷   Gm⁷   C11 F

It will always   be   way in the back of my mind.

It's OK

Words & Music by Brian Wilson & Mike Love

A	D	E	A/C#	E/B

Verse 1

    A
Fun is in,

It's no sin,

It's that time again.
     D
To shed your load,

Hit the road,

On the run again.
    A
Summer skies,

In our eyes,

And a warmer sun.
   D
It's one for all,

All for one,

All for all out fun.

Chorus 1

E   **A/C# D E/B**
Gotta go to it,
E   **A/C# D**   **E/B**
Gonna go through it,
E   **A/C# D**   **E/B**
Gotta get with it.

Verse 2

                    A
Lookin' good,

Down the hood,

Of a funky ride.

D
On the way,

To the tide,

Just to tan your hide.

A
In the shade,

Lemonade,

In the sun ocean spray.

D
To get your face,

In the race,

Or lay back's no disgrace.

Chorus 2

E   A/C♯ D E/B
Gotta go to it,

E   A/C♯ D   E/B
Gonna go through it,

E   A/C♯ D   E/B
Gotta get with it.

Verse 3

      A
It's OK to get out there and,

Have some fun,

    D
By yourself maybe,

Or else with a special one.

    A
Good or bad,

Glad or sad,

It's all gonna pass.

    D
So it's OK,

Let's all play,

And enjoy it while it lasts.

Chorus 3   As Chorus 1

Outro
    A
Find a ride,

    D
Find a ride.

    A
𝄆 Find a ride (In the sum-sum-summertime, dit, dit),

    D
Find a ride (In the sum-sum-summertime, dit, dit). 𝄇 *Repeat to fade*

Kokomo

Words & Music by John Phillips, Scott McKenzie, Mike Love & Terry Melcher

C   F   Cmaj⁷   Gm   Dsus²   Fm   Am   Dm

Intro
(C)
Aruba, Jamaica, oooh I wanna take you.
(F)
Ber - muda, Bahama,

Come on pretty mama.
(C)
Key Largo, Montego,

Baby why don't we go,
(F)
Ja - maica.

Verse 1
        C   **Cmaj⁷**
Off the Florida Keys,
Gm   **F**
  There's a place called Kokomo,
Fm   **C**
  That's where you wanna go,
     Dsus²   **G**
To get a - way from it all.
C   **Cmaj⁷**
  Bodies in the sand,
Gm   **F**
  Tropical drink melting in your hand.
Fm   **C**
  We'll be falling in love,
      Dsus²   **G**
To the rhythm of a steel drum band.

Down in (Kokomo).

Chorus 1

     C
A - ruba, Jamaica oooh, I wanna take you,

     F
To Bermuda, Bahama,

Come on pretty mama,

     C
Key Largo, Montego,

                     F
Ooo, I wanna take you down to Kokomo,

     Fm
We'll get there fast,

     C
And then we'll take it slow.

Am   **Dm**   **G**
That's where we wanna go,

         C
Way down to Koko - mo.

(To Martinique, that Monserrat mystique).

Verse 2

C   **Cmaj⁷**
  We'll put out to sea,

Gm   **F**
  And we'll perfect our chemistry,

Fm   **C**   **Dsus²** **G**
  By and by we'll de - fy a little bit of gravity.

C   **Cmaj⁷**
  Afternoon de - light,

Gm   **F**
Cocktails and moonlit nights.

Fm   **C**
  That dreamy look in your eye,

            Dsus²   **G**
Give me a tropical contact high.

Way down in Kokomo,

Chorus 2   As Chorus 1

(Port Au Prince I wanna catch a glimpse).

Instrumental | C　　　| Cmaj7　| Gm　　| F　　| Fm　　| C　　　|

　| Dsus2 | G　　　|

Verse 3

C　　　　　　　　Cmaj7
Everybody knows,

Gm　　　　　　　　F
A little place like Kokomo.

Fm　　C
Now if you wanna go,

　　　　Dsus2　　　G
And get away from it all,

Go down to (Kokomo).

Chorus 3　　　As Chorus 1　　*Repeat to fade*

99

Kiss Me, Baby

Words & Music by Brian Wilson & Mike Love

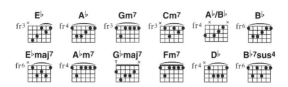

Intro

    E♭ A♭
Ah, ah,

    Gm⁷ Cm⁷ A♭/B♭
Ooh,_____ ah.

Verse 1

    E♭   A♭/B♭ B♭   E♭
Please don't let me argue any - more,

                A♭/B♭ B♭   E♭
I won't make you worry like be - fore.

    A♭   B♭   E♭maj⁷   Cm⁷
  Can't re - member   what we fought about,

    A♭m⁷   G♭maj⁷ Fm⁷   E♭
Late, late last night we said it was over.

    A♭   B♭   E♭   Cm⁷
  But I re - member   when we thought it out,

    D♭   A♭/B♭ B♭⁷sus⁴ B♭
We both had a broken heart.   (Whoa, baby)

Chorus 1

    E♭   A♭
Kiss me baby, love to hold you.

    E♭   Cm⁷ Fm⁷   B♭
Kiss me baby, love to hold you.

Verse 2

$E\flat$ $A\flat/B\flat$ $B\flat$ $E\flat$
As I drove a - way I felt a tear,

           $A\flat/B\flat$ $B\flat$ $E\flat$
It hit me I was losing someone dear.

$A\flat$ $B\flat$ $E\flat maj^7$ Cm^7
   Told my folks I   would be all right,

$A\flat m^7$ $G\flat maj^7$ Fm^7 $E\flat$
Tossed and I turned, my head was so heavy.

$A\flat$ $B\flat$ $E\flat$ Cm^7
   Then I wondered   as it got light,

      $D\flat$ $A\flat/B\flat$ $B\flat^7 sus^4$ $B\flat$
Were you still a - wake like me?   (Whoa, baby)

Chorus 2

$E\flat$ $A\flat$
Kiss me baby, love to hold you.

$E\flat$ Cm^7 Fm^7 $B\flat$ $E\flat$
Kiss me baby, love to hold you tight.

(Whoa, baby)
$E\flat$ $A\flat$
Kiss me baby, love to hold you.

$E\flat$ $A\flat$
Kiss me baby, love to hold you.

$E\flat$ $A\flat$
Kiss me baby, love to hold you.   *To fade*

Kona Coast

Words & Music by Al Jardine & Mike Love

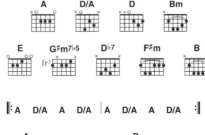

Intro ‖: A D/A A D/A │ A D/A A D/A :‖

Verse 1
       A   **D**
It's been my secret passion to try it,

      A   **D**
In Captain Cook fashion, I can't deny it.

      A
I want to spend my winters,

                    Bm   **E**
On the Kona coast in Ha - waii.

      A   **D**
For years I saved my pennies and planned it,

      A   **D**
The great Pacific Ocean we'll span it.

      A   **E**
I wanna go surfin' where I dig it the most,

      A
In Hawaii.

Verse 2
   A   **D**
  Hawaiian islands beckon,

      A   **D**
And I'll be back here someday, I reckon.

      A
And pretty island girls,

                G♯m7♭5
Greet you with a flower lei.

   D♭7   **F♯m**
You'll throw it back in - to the sea,

B   **(E)**
Hoping you be coming back to Hawaii.

Verse 3

    A   **D**
Suntanned beauties are everywhere,

    A   **D**
Lovely island ladies with long dark hair.

         A
You're sure to find a honey waiting for you there,

      Bm **E**
In Hawa - ii.

A   **D**
Kani and Wahini and Wa - howalis, too,

      A   **D**
Get a friendly 'aloha' from this mecca to you.

         A
They're the friendliest people,

E   **A**   **E**
Anywhere in Ha - waii.

Verse 4

A   **D**
Welcome to the island mecca.

        A   **D**
I'll learn to talk like a local, I bet ya.

       A   **G♯m7♭5**
And at Lahaina look out for shooting stars,

   D♭7   **F♯m**
We'll watch them fall in - to the sea,

  B   **(E)**
And it will be just you and me in Hawaii.

Verse 5

A   **D**
Winter in the sun and surf would sure be nice,

    A   **D**
In a south sea garden of paradise.

  A
I wanna spend my summer on the Kona coast,

     Bm **E**
In Ha - waii.

Outro | **A** | **A** |

Bm   **E**
  Honolulu, Waikiki,

A
  Do you wanna come along with me?

Bm   **E**
  Waimia up to Hanalai,

A
  I'd love to take you to the islands today.

Lady Lynda

Words & Music by Al Jardine & Ronald Altbach

[Chord diagrams: B, E, A, C#m7, F#m, F#, Bsus4, E7]

[Chord diagrams: E/G#, Csus4, C, F, Bb, Dm, Gm, Am7]

Intro | Bsus4 | E |

Verse 1

      B   E
Won't you come here and lie,

     A   E
Lady Lynda with me.

        C#m7   F#m
We can lie in the green canyon meadows,

          F#   Bsus4   B
And we'll hear the birds sing in the spring.

                      E
Don't you know if you'll stay,

     A   E
Lady Lynda with me.

        C#m7   F#m
We can talk about love ever - after,

           B   E   E7
When you lie lady Lynda with me.

A   E/G#   C#m7
Lynda, won't you say that we can be near,

      F#m
Cannot deny,

       B   E   E7
There've been hard times.

A   E/G#   C#m7
Darlin', evo - lution is drawing us near,

         F#m
Look in my eyes,

       B
Whoa.

Interlude | E | A | E | C#m | Bsus4 | Bsus4 | E | E7 |

        A   **E/G#**   **C#m7**

Verse 2   Lynda, won't you say that I am your man,

                  F#m   **B**   **E**   **E7**

    Don't look sur - prised, it's all in his plan.

        A   **E/G#**   **C#m7**

    But darlin', evo - lution is drawing us near,

           F#m

    Lie, lady lie.

    B   **Csus4 C**

    Oooh, lady won't you lie   lady.

                F   **B♭**   **F**

    Now won't you stay lady Lynda with me,

       Dm   **Gm**

    We can talk about love ever - after.

        C   **F**

    When you lie lady Lynda with me,

                  B♭

    (Ohh lady won't you lie lady)

        F

    Won't you ooh lady,

       Dm   **B♭**

    Won't you stay lady with me.

    When you lie lady Lynda.

                F

    Come along with me,

                Am7

    Oh, lady won't you lie lady,

      B♭   **C**

    Won't you lie with me.

               F

Outro   ‖: Won't you come along,

         Am7

    And sing a song,

      B♭   **C**

    Sing the sound of love.   :‖ *Play 4 times*

       ⌢

    | **F**   ‖

Let Him Run Wild

Words & Music by Brian Wilson & Mike Love

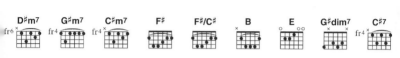

Verse 1

D♯m7   G♯m7
When I watched you walk with him,

D♯m7   G♯m7
Tears filled my eyes.

D♯m7   G♯m7
And when I heard you talk with him,

C♯m7   F♯
I couldn't stand his   lies.

C♯m7   F♯/C♯
And now be - fore he tries it,

C♯m7   F♯
I hope you realise it.

Chorus 1

B
Let him run wild, he don't care.

E
Let him run wild, he'll find out.

B   G♯dim7 C♯7
Let him run wild, he don't care.

C♯m7   D♯m7
Guess you know I waited for you girl.

Verse 2

(D♯m7)   G♯m7
He'll do the same to other girls,

D♯m7   G♯m7
That he did to you.

D♯m7   G♯m7
But then one day he'll run in to one,

C♯m7   F♯
That's gonna hurt him   too.

C♯m7   F♯/C♯
Before he makes you over,

C♯m7   F♯
I'm gonna take you over.

Chorus 2   As Chorus 1

        (D♯m⁷) G♯m⁷

Verse 3   All the dreams you shared with him,

        D♯m⁷   **G♯m⁷**

          You might as well forget.

        D♯m⁷   **G♯m⁷**

          I know you need a truer love,

        C♯m⁷   **F♯**

          And that's what you'll   get.

        C♯m⁷   **F♯/C♯**

          And now that you don't need him,

        C♯m⁷   **F♯**

          Well he can have his freedom.

        B

Chorus 3   Let him run wild, he don't care.

        E

        Let him run wild, he'll find out.

        B

        Let him run wild, he don't care.

        E

        Let him run wild, he'll find out.

        B

        Let him run wild, he don't care.

        E

        Let him run wild, he'll find out.   *To fade*

Let The Wind Blow

Words & Music by Brian Wilson & Mike Love

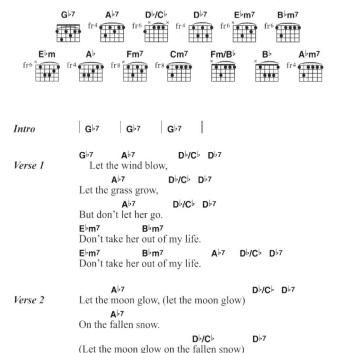

Intro | G♭7 | G♭7 | G♭7 |

Verse 1

       G♭7   A♭7   D♭/C♭ D♭7
    Let the wind blow,

           A♭7   D♭/C♭ D♭7
Let the grass grow,

          A♭7   D♭/C♭ D♭7
But don't let her go.

E♭m7   B♭m7
Don't take her out of my life.

E♭m7   B♭m7   A♭7   D♭/C♭ D♭7
Don't take her out of my life.

Verse 2

          A♭7   D♭/C♭ D♭7
Let the moon glow, (let the moon glow)

          A♭7
On the fallen snow.

                   D♭/C♭   D♭7
(Let the moon glow on the fallen snow)

            A♭7   D♭/C♭ D♭7
But I just got to know, (Let me please know, oh)

E♭m7   B♭m7
Know she'll be a part of my life,

E♭m7   B♭m7   A♭7   D♭/C♭ D♭7
Know she'll be a part of my life for - ever.

Bridge

E♭m
Let the bees make honey,

A♭
Let the poor find money.

E♭m
Take away their sorrows,

     A♭
Give them sunshine tomorrow.

   Fm⁷   **Cm⁷**
But don't take her out of my life,

Fm⁷   **Cm⁷**
Don't take her out of my life,

Fm/B♭   **B♭**
What would I do with - out her, tell me now.

Verse 3

(B♭)   **A♭⁷**   **D♭/C♭** **D♭⁷**
Let the bird sing,

     A♭⁷   **D♭/C♭** **D♭⁷**
With the coming spring.

     A♭⁷   **D♭/C♭** **D♭⁷**
Let the church bells ring.

     Fm⁷
Let the rain fall,

     A♭⁷
Let the grass grow,

     D♭⁷   **G♭⁷**
Let the moon glow on the fallen snow.

     E♭m⁷   **B♭m⁷**
But don't take her out of my life,

E♭m⁷   **A♭m⁷**
Please keep her a part of my life.

Outro   ‖: **A♭⁷** | **A♭⁷** | **D♭/C♭** | **D♭⁷** :‖ *Repeat to fade*

Little Bird

Words & Music by Dennis Wilson & Steve Kalinich

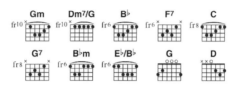

Verse 1

    Gm   **Dm7/G**
Little bird up in a tree,

          Gm   **Dm7/G**
Looked down and sang a song to me,

       Gm
Of how it began.

Chorus 1

Bb   **F7**
Na, na, na, na, na, na,

    Bb   **F7**
Na, na, na, na, na, na, na,

    Bb
Na, na, na, na.

Verse 2

  Gm   **Dm7/G**
  The trout in the shiny brook,

        Gm
Gave the worm another look,

       Dm7/G   **Gm**
And told me not to worry a - bout my life.

Chorus 2

C   **G7**
Na, na, na, na, na, na,

    C   **G7**
Na, na, na, na, na, na, na,

    C
Na, na, na, na.

Verse 3

  Gm   **Dm7/G**
  The tree in my own backyard,

     Gm
Stands all alone,

    Dm7/G   **Gm**
Bears fruit for me and it tastes so good.

Bridge 1

B♭m　　　　　　　**E♭/B♭**
Where's my pretty bird?

　B♭m　　　　　　**E♭/B♭**
He must have flown a - way.

　B♭m
If I keep singing,

　　　　　　　　E♭/B♭
He'll come back some day.

Verse 4

Gm　　**Dm7/G**
　Dawn, bird's still gone,

Gm　　　　**Dm7/G**　　　**Gm**
Guess I'll go mow the lawn.___

Bridge 2

B♭　　　　**F7**
What a day, what a day,

B♭　　　　**F7**　　　　　**B♭**
Ooh, what a beautiful day this is.

Instr.

| **G**　　　| **D**　　　| **G**　　　| **D**　　　| **G**　　　|

B♭　**F7**　**B♭**　**F7**　**B♭**
Ooh._____

Verse 5

Gm
Little bird up in a tree,

　　　　Dm7/G
Looked down a sang a song to me.

Gm
　The trout in a shiny brook,

　　　　Dm7/G
Gave the worm another look,

　　　　　　　　　C　　　　　　　**G7**
And told me not to worry a - bout my life.

Outro

　　C
A little bird looked down,

　　　G7
And sang a song to me.

　　C
A little bird looked down,

　　　G7
And sang a song to me.

　　C
A little bird looked down,

　　　G7
And sang a song to me.　　*To fade*

111

Little Deuce Coupe

Words & Music by Brian Wilson & Roger Christian

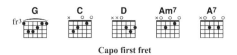

Capo first fret

Intro

       G
Little deuce coupe, you don't know,

You don't know what I got.

Little deuce coupe, you don't know what I got.

Verse 1

       G
Well I'm not bragging babe so don't put me down,

But I've got the fastest set of wheels in town.
         C
When something comes up to me he don't even try,
        G
'Cause if it had a set of wings man, I know she could fly.
      D   Am⁷
She's my little deuce coupe,
D   Am⁷   G
  You don't know what I got.

(My little deuce coupe, you don't know what I got.)

Verse 2

       G
Just a little deuce coupe with the flathead mill,

But she'll walk a Thunderbird like it's standing still.
        C
She's ported and relieved and she's stroked and bored,
       G
She'll do a hundred and forty in the top end floored.

cont.

D   Am7
She's my little deuce coupe,

D   Am7   G
  You don't know what I got.

(My little deuce coupe, you don't know what I got.)

Bridge

G   C
She's got a competition clutch with the four on the floor,

        G
And she purrs like a kitten till the lake pipes roar.

        C
And if that ain't enough to make you flip your lid,

        A7   D
There's one more thing, I got the pink slip, daddy.

Verse 3

        G
And coming off the line when the light turns green,

Well she blows 'em outta the water like you never seen.

        C
I get pushed out of shape and it's hard to steer,

        G
When I get rubber in all four gears.

        D   Am7
She's my little deuce coupe,

D   Am7   G
  You don't know what I got.

(My little deuce coupe, you don't know what I got.)

        D   Am7
She's my little deuce coupe,

D   Am7   G
  You don't know what I got.

(My little deuce coupe, you don't know what I got.)

        D   Am7
She's my little deuce coupe,

D   Am7   G
  You don't know what I got.   *To fade*

The Little Girl I Once Knew

Words & Music by Brian Wilson

Capo fourth fret

Intro
‖: G/D | A | Em | C :‖

Verse 1

Em⁷   A⁷
We met when she was younger,

Em⁷   A⁷
Then I had no eyes for her.

Bm⁷   E⁷
A few years went by and I saw her,

Bm⁷   E⁷
Now I'm gonna try for her.

A   D
Look out babe.

Chorus 1

G   D   G
She's not the little girl I once knew,

C   B♭
She's not the little girl I once knew.

F   B♭
She's not the little girl I once knew,

C
She's not the little girl I once knew.

Verse 2

Em⁷   A⁷
How could I ever have known that,

Em⁷   A⁷
She'd be what she is today.

Bm⁷   E⁷
And look at how her boyfriend holds her,

Bm⁷   E⁷
I'll be moving in one day.

A   D
Split man.

Chorus 2

     G   **D**   **G**
She's not the little girl I once knew,

            C   **B♭**
She's not the little girl I once knew.

            F   **B♭**
She's not the little girl I once knew,

            C
She's not the little girl I once knew.

Link 1

| **G** | **G** | **C** | **C** | **G** | **G** | |

 C
   La do day, pow, pow, pow.

 G
   La do day, pow, pow, pow.

 C
   La do day, pow, pow, pow.

Chorus 3

B♭   **F**   **B♭**
   She's not the little girl I once knew,

           E♭   **B♭**
She's not the little girl I once knew.

           F   **B♭**
She's not the little girl I once knew,

           C
She's not the little girl I once knew.

Link 2

| **G/D** | **A** | **Em** | **C** | |

Chorus 4

    G   **D**   **G**
‖: She's not the little girl I once knew,

           C
She's not the little girl I once knew.

 G   **D**   **G**
   She's not the little girl I once knew,

           C
She's not the little girl I once knew. :‖   *Repeat to fade*

Little Honda

Words & Music by Brian Wilson & Mike Love

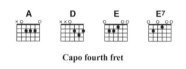

Capo fourth fret

Intro   Go! | **A** | **A** |

Verse 1

        A
I'm gonna wake you up early,

Cause I'm gonna take a ride with you.
            D
We're going down to the Honda shop,
                A
I'll tell you what we're gonna do.
      E
Put on a ragged sweatshirt,
                       A   **E⁷**
I'll take you anywhere you want me to.

Chorus 1

      A
First gear (Honda Honda),
    D
It's alright (faster faster).
      A
Second gear (little Honda Honda),
    D
I lean right (faster faster).
      A
Third gear (Honda Honda),
      D
Hang on tight (faster faster).
E
Faster, it's all right.

Verse 2

         A
It's not a big motorcycle,

Just a groovy little motorbike.

        D
It's more fun than a barrel of monkeys,

That two wheel bike.

        E
We'll ride on out of the town,

        A   **E⁷**
To any place I know you like.

Chorus 2   As Chorus 1

        A
Verse 3   It climbs the hills like a matchless,

'Cause my Honda's built really light.

        D
When I go into the turns,

        A
Lean with me and hang on tight.

        E
I better turn on the lights,

        A   **E⁷**
So we can ride my Honda to - night.

Chorus 3   ‖: As Chorus 1 :‖   *Repeat to fade*

Little Saint Nick

Words & Music by Brian Wilson & Gary Usher

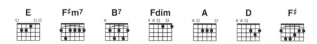

E   F#m7   B7   Fdim   A   D   F#

Capo 2nd fret

Intro | E | E |

F#m7
Oo - oo.

Merry Christmas Saint Nick,
E
Christmas comes this time each year.
F#m7   **B7**
Oo - oo.

　　　　　　　　F#m7   **B7**　　　　　**F#m7** **B7**
Verse 1   Well way up North where the air gets cold,
　　　　　　　　　　　　　E
　　　　　　　There's a tale about Christmas,
　　　　　　　　　　　　　　Fdim
　　　　　　　That you've all been told.
　　　　　　　　F#m7　　　　**B7**　　　　　**F#m7** **B7**
　　　　　　　And a real famous cat all dressed up in red,
　　　　　　　　　　E　　　　　　　　　　　　　　　　　　**Fdim**
　　　　　　　All he spends the whole year workin' out on his sled.

　　　　　　　　　　A
Chorus 1   It's the little Saint Nick,

　　　　　　　Little Saint Nick.
　　　　　　　　　F#m7
　　　　　　　It's the little Saint Nick,
　　　　　　　　　B7
　　　　　　　Little Saint Nick.

Verse 2
        F♯m7   **B7**   **F♯m7**   **B7**
Just a little bob - sled we call that old Saint Nick,

        E   **Fdim**
But she'll walk a toboggan with a four speed stick.

        F♯m7   **B7**   **F♯m**   **B7**
She's candy apple red with a ski for a wheel,

        E   **Fdim**
And when Santa hits the gas man, just watch her peel!

Chorus 2   As Chorus 1

Middle
A   **D**
Run, run reindeer,   run, run reindeer.

A   **F♯**
Run, run reindeer,   run, run reindeer.

N.C.
He don't miss no one.

Verse 3
        F♯m7   **B7**   **F♯m7**   **B7**
And haulin' through the snow at a frightening speed,

        E   **Fdim**
With a half a dozen deer with Rudy to lead.

        F♯m7   **B7**   **F♯m**   **B7**
He's got to wear his goggles 'cause the snow really flies,

        E   **Fdim**
And he's cruisin' every path with a little sur - prise.

Chorus 3

           A
It's the little Saint Nick,

Little Saint Nick.

           E
It's the little Saint Nick,

        Fdim
Little Saint Nick.

Outro

F♯m7 **B7**
Oo - oo,

F♯m7 **B7**   **E**
Merry Christmas Saint Nick,

                  Fdim
Christmas comes this time each year.   *Repeat Outro to fade*

Lonely Sea

Words & Music by Brian Wilson & Gary Usher

Tune guitar slightly sharp

Intro
| C | B♭ | A♭ | G ‖

Verse 1
C   B♭ A♭   G
The lonely sea,___ the lonely sea,___
C   B♭ A♭   G
It never stops___ for you or me.
Gm   F   E♭ A♭ G
It moves along___ from day___ to day.

Verse 2
C   B♭ A♭   G
That's why my love,___ that's why my love,___
C   B♭ A♭   G
You'll never stay,___ you'll never stay.___

Bridge
C/G
This pain in my heart,
Em
These tears in my eyes,
F
Please tell the truth,
G   F G
You're like the lonely sea, sea,

Outro
G   C B♭   A♭ G
Lonely sea,___ Lonely sea.___
      C B♭   A♭ G
Lonely sea,___ Lonely sea.___   *To fade*

Long Promised Road

Words & Music by Carl Wilson & Jack Rieley

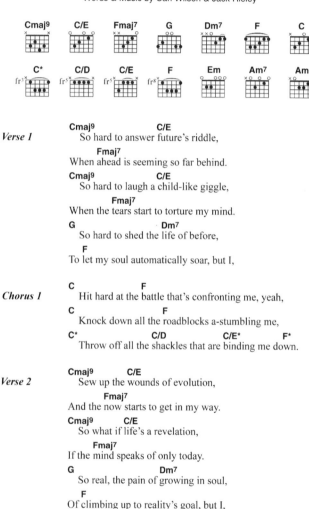

Verse 1

    Cmaj⁹   **C/E**
    So hard to answer future's riddle,

       Fmaj⁷
When ahead is seeming so far behind.

    Cmaj⁹   **C/E**
    So hard to laugh a child-like giggle,

          Fmaj⁷
When the tears start to torture my mind.

   G   **Dm⁷**
    So hard to shed the life of before,

     F
To let my soul automatically soar, but I,

Chorus 1

   C   **F**
    Hit hard at the battle that's confronting me, yeah,

   C   **F**
    Knock down all the roadblocks a-stumbling me,

   C*   **C/D**   **C/E***   **F***
    Throw off all the shackles that are binding me down.

Verse 2

    Cmaj⁹   **C/E**
    Sew up the wounds of evolution,

       Fmaj⁷
And the now starts to get in my way.

    Cmaj⁹   **C/E**
    So what if life's a revelation,

      Fmaj⁷
If the mind speaks of only today.

   G   **Dm⁷**
    So real, the pain of growing in soul,

     F
Of climbing up to reality's goal, but I,

Chorus 2   As Chorus 1

Middle

F

Long promised road,

Trail starts at dawn,

Em   **Am7**

Carries on to the season's ending.

F

  Long promised road,

                              Em

Flows to the source, gentle force,

              Am7

Never ending,   never ending.

Verse 3

Cmaj9   **C/E**

  So hard to lift the jeweled sceptre,

            Fmaj7

When the weight turns a smile to a frown.

Cmaj9   **C/E**

  So hard to drink of passion nectar,

            Fmaj7

When the taste of life's holding me down.

G   **Dm7**

  So hard to plant the seed of reform,

        F

To set my sights on defeating the storm, so I,

Chorus 3   As Chorus 1

Instrumental | **Am** | **Em** | **G** | **F** |

                | **Am** | **G** | **F** | **F** |

Chorus 4   As Chorus 1

Chorus 5   As Chorus 1

Marcella

Words & Music by Brian Wilson & Jack Rieley

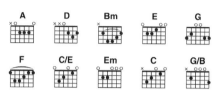

Capo first fret

Intro
    A   D
    Hey, yeah, Mar - cella.
    A   D
    Hey, yeah, Mar - cella.

    (She's a bright girl)
    A   D
    Hey, yeah, Mar - cella.
    A   D   Bm
    Hey, yeah, Mar - cella.

Verse 1
    A
    Mystic maiden's,
              D
    More than   soft and sexy,
          A
    She can mess my mind,
        D
    With the stuff that she knows,
     Bm
    Her new found beauty,
         E
    Goes be - yond her covering,
                    A   D
    And sets a flame in her soul.

	G	F C/E
Chorus 1	One arm over my shoulder,	

Chorus 1

G   F C/E
One arm over my shoulder,

G   F C/E
Sandals dance at my feet.

G   F C/E
Eyes that'll knock you right over,

G   F C/E
Oo, Marcella's so sweet.

Link | D Em | C | G |

Bridge As Intro

Verse 2

A
Brave new woman,

     D
Standing proud and dazzling.

A
Grips the goal,

    D
That e - luded her soul.

  Bm
Di - rection bringing her to,

E
Now's tomorrow.

          A   D
And my love for her still grows.

Chorus 2

G   F C/E
One arm over my shoulder,

G   F C/E
Sandals dance at my feet.

G   F C/E
Eyes that'll knock you right over,

G   F C/E
Oo, Marcella's so sweet.

Interlude | G͡   ‖: E | Am | D | G   :‖

      | E | Am |

Chorus 3

  D   C G/B
‖: One arm over my shoulder,

D   C G/B
Sandals dance at my feet.

D   C G/B
Eyes that'll knock you right over,

D   C G/B
 Oo, Marcella's so sweet.   :‖ *Repeat to fade*

The Night Was So Young

Words & Music by Brian Wilson

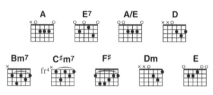

Capo fourth fret

Verse 1

    A
The night was so young,

And everything still,

  E⁷
The moon shining bright,

On my window sill.

  A
I think of her lips,

It chills me inside,

  E⁷
And then I think why,

Does she have to hide?

Bridge 1

A/E
Is some - body gonna tell me,

D   **Bm⁷**
Why she has to hi - de.

      C♯m⁷   **F♯**   **C♯m⁷**   **F♯**
She's passing it by, she won't even try,

    Bm⁷   **Dm**   **E**
To make this love go where it should.

Verse 2

    A
The sky's turning grey,

There's clouds overhead,

  E⁷
I'm still not asleep,

cont.   I'm in my bed.

A
I think of her eyes,

And it makes me sigh,

E7
I think of her voice,

And it makes me cry.

A/E

Bridge 2   Is somebody gonna tell me,

D   **Bm7**
Why she has to li - e?

C♯m7   **F♯**   **C♯m7**   **F♯**
She'd be so right to hold me to - night,

Bm7   **Dm**   **E**
Love was made for her and I.

A

Verse 3   It's three o'clock,

I go to my sink,

E7
I pour some milk,

And I start to think.

A
Is she asleep,

Or is she awake,

E7
And does she think,

Of the love we could make.

A/E

Bridge 3   Wake up, call me baby call me,

D   **Bm7**
Tell me what's on your mi - nd,

C♯m7   **F♯**   **C♯m7**   **F♯**
I've got a car and you're not too far.

Bm7   **Dm**   **E**
Please let me come over to you.

Outro   As Verse 1   *To fade*

Please Let Me Wonder

Words & Music by Brian Wilson & Mike Love

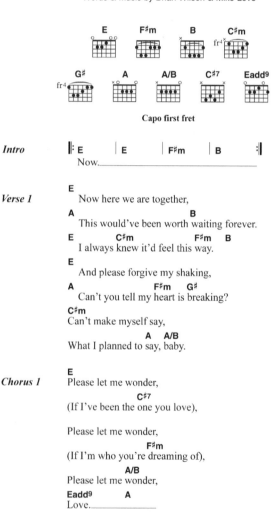

Capo first fret

Intro
‖: E | E | F♯m | B :‖
Now._____

Verse 1

E
Now here we are together,

A   B
This would've been worth waiting forever.

E   C♯m   F♯m   B
I always knew it'd feel this way.

E
And please forgive my shaking,

A   F♯m   G♯
Can't you tell my heart is breaking?

C♯m
Can't make myself say,

                              A   A/B
What I planned to say, baby.

Chorus 1

E
Please let me wonder,

                    C♯7
(If I've been the one you love),

Please let me wonder,

                    F♯m
(If I'm who you're dreaming of),

            A/B
Please let me wonder,

Eadd9   A
Love._____

Verse 2

E
I built all my goals around you,

A   B
That some day my love would surround you,

E   C♯m   F♯m   B
You'll never know what we've been through.

E
For so long I thought about it,

A   F♯m   G♯
And now I just can't live without it,

C♯m   A   A/B
This beautiful image I have of you, baby.

Chorus 2   As Chorus 1

Instrumental | G♯ | C♯m | G♯ | C♯m | F♯m | F♯ | A | A/B |

Chorus 3

E
Please let me wonder,

                C♯7
(If I've been the one you love),

Please let me wonder,

                F♯m
(If I'm who you're dreaming of),

            A/B
Please let me wonder,

E
Love, (I love you).

Outro   ‖: E | E | C♯7 | C♯7 | F♯m | A/B   :‖   *Repeat to fade*

She Knows Me Too Well

Words & Music by Brian Wilson & Mike Love

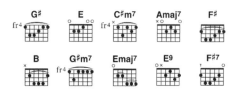

Intro

    G#   E
Ooh,___ she knows me,

    G#   E
Ooh,___ she knows me.

Verse 1

        C#m7   Amaj7
Some - times I have a weird way of showing my love,

        C#m7   F#   G#
And I always expect her to know what I'm thinking of.

      E
Ooh,___ she knows me.

    C#m7   Amaj7
I treat her so mean I don't de - serve what I have,

    C#m7   F#
And I think that she'll forget just by making her laugh.

Chorus 1

        B
 But she knows me,

        G#m7
Knows me so well,

       Emaj7
That she   can tell,

       C#m7
I really love her.

              E9 F#7
(She knows me too well.)

Verse 2

C♯m⁷   Amaj⁷
I get so jealous of the other guy,

C♯m⁷   F♯   G♯
And then I'm not happy till I make her break down and cry.

E
Ooh,___ she knows me.

C♯m⁷   Amaj⁷
When I look at other girls it must kill her inside,

C♯m⁷   F♯
But it'd be another story if she looked at the guys.

Chorus 2

B
But she knows me.

G♯m⁷
Knows me so well,

Emaj⁷
That she   can tell,

C♯m⁷
I really love her.

E9   F♯7
(She knows me too well.)

Guitar solo | C♯m⁷ | Amaj⁷ | C♯m⁷ | F♯ |

G♯   E
Ooh,___ she knows me,
G♯   E
Ooh,___ she knows me.

Verse 3

C♯m⁷   Amaj⁷
When I look at other girls it must kill her inside,

C♯m⁷   F♯
But it'd be another story if she looked at the guys.

Chorus 3

B
'Cause she knows me.

G♯m⁷
Knows me so well,

Emaj⁷
That she   can tell,

C♯m⁷   E9   F♯7
I really love her.

Outro

F♯   B   G♯m⁷ Emaj⁷
Oh.___ Ah._____

C♯m⁷ E9 F♯7   B   G♯m⁷ Emaj⁷
Oh._____ Oh.___ Ah._____   *To fade*

131

Shut Down

Words & Music by Brian Wilson & Roger Christian

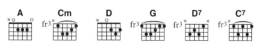

Capo first fret

Intro
> **A**
> Tach it up, tach it up,
> **Cm**   **D**   **G**   **D7**
> Buddy gonna shut you down.

Verse 1
>   **G**
> It happened on the strip where the road is wide,
>
> Two cool shorts standing side by side.
>   **C7**
> Yeah, my fuel injected Stingray and a Four-thirteen,
>   **G**
> We're revving up our engines and it sounds real mean.
> **A**
> Tach it up, tach it up,
> **Cm**   **D**   **G**   **D7**
> Buddy gonna shut you down.

Verse 2
>   **G**
> Declining numbers at an even rate,
>
> At the count of one we both accelerate.
>   **C7**
> My Stingray is light, the slicks are starting to spin,
>   **G**
> But the Four-thirteen's really digging in.
> **A**   **Cm**   **D**   **G**
> Gotta be cool now, power shift here we go.

Bridge

C⁷
Superstock Dodge is winding out in low,

    G
But my fuel injected Stingray's really starting to go.

C⁷
To get the traction I'm riding the clutch,

G   **D**
My pressure plate's burning, that ma - chine's too much.

Guitar solo

| **C⁷** | **C⁷** | **G** | **G** | |
| **C⁷** | **C⁷** | **G** | **D** | |

Verse 3

G
Pedal's to the floor hear his dual quads drink,

And now the Four-thirteen's lead is starting to shrink.

C⁷
He's hot with ram induction but it's understood,

G
I got a fuel injected engine sitting under my hood.

A   **Cm**   **D**   **G**
Shut it off, shut it off, buddy now I shut you down.

Outro

  A   **Cm**   **D**   **G**
‖: Shut it off, shut it off, buddy now I shut you down. :‖

Repeat to fade

133

Slip On Through

Words & Music by Dennis Wilson & Gregg Jakobson

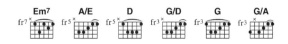

Verse 1

Em7   **A/E**
Lots of people with no place to go,

Em7   **A/E**
I know a place where you can go.

Em7   **A/E**
You've got the ticket, come on slip inside,

Em7   **A/E**
And let my song take you for a ride.

Chorus 1

D   **G/D**
Come on won't you let me be,

        D   **G/D**
By your side for now and e - ternity?

        Em7   **G**   **G/A**
'Cause I love you, baby, I do and now,

D   **G/D**
Can you see what has come over me?

        D   **G/D**
For my life is growing like a big oak tree,

        Em7   **G**   **G/A**   **D**
'Cause I love you, baby, I do and now can you see?

Verse 2

Em7   **A/E**
Why don't you come and let me kiss and make it better?

Em7   **A/E**
I'm not the one who came and left it later.

Em7   **A/E**
Now you relax, and let your mind go free,

Em7   **A/E**
You won't regret the feeling you receive.

Chorus 2

      D   **G/D**
Come on won't you let me be,

          D   **G/D**
By your side for now and e - ternity?

          Em7   **G**   **G/A**
'Cause I love you, baby, I do and now,

D   **G/D**
Can you see what has come over me?

          D   **G/D**
For my life is growing like a big oak tree,

          Em7   **G**   **G/A**   **D**
'Cause I love you, baby, I do and now can you see?

Bridge

G/D   **D**
My love is growing,

Your heart is knowing,

G/D
Our love is growing, mama.

Outro

        D   **G/D**
‖: Oh, can you see what has come over me?

        D   **G/D**
For my life.____ :‖   *Repeat ad lib. to fade*

Sloop John B

Traditional
Arranged by Brian Wilson

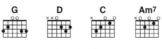

Capo first fret

Verse 1

    G
We come on the sloop John B,

My grandfather and me,

              D
Around Nassau town we did roam.

    G
Drinking all night,

    C   **Am⁷**
Got into a fight.

    G
Well I feel so broke up,

D   **G**
  I wanna go home.

Chorus 1

    G
So hoist up the John B's sail,

See how the mainsail sets.

Call for the Captain ashore,

    D
Let me go home,

    G
Let me go home.

    C   **Am⁷**
I wanna go home, yeah yeah,

    G
Well I feel so broke up,

D   **G**
  I wanna go home.

Verse 2   G
The first mate he got drunk,

And broke in the Captain's trunk.

                                             D
The constable had to come and take him a - way,
   G
Sheriff John Stone,
                        C   Am7
Why don't you leave me a - lone, yeah yeah.
   G   D   G
Well I feel so broke up,   I wanna go home.

          G
Chorus 2   So hoist up the John B's sail,

See how the mainsail sets.

Call for the Captain ashore,
          D
Let me go home, let me go home.
          G
I wanna go home, let me go home,
                      C
Why don't you let me go home,

(Hoist up the John B's sail),
Am7   G
Hoist up the John B, I feel so broke up,
D   G
  I wanna go home, let me go home.

          G
Verse 3   The poor cook he caught the fits,

And threw away all my grits,

                                  D
And then he took and he ate up all of my corn.
          G
Let me go home,
                      C   Am7
Why don't they let me go home?
   G   D   G
This is the worst trip I've ever been on.

Chorus 3   As Chorus 2   *To fade*

Sail On, Sailor

Words & Music by Brian Wilson, Tandyn Almer,
Van Dyke Parks, Jack Rieley & Ray Kennedy

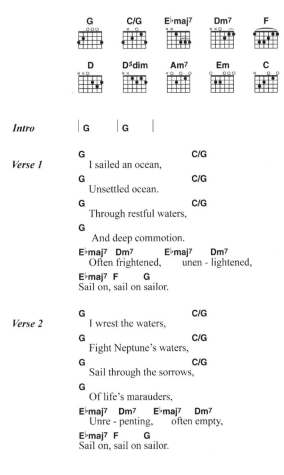

Intro

| G | G |

Verse 1

G   C/G
  I sailed an ocean,

G   C/G
  Unsettled ocean.

G   C/G
  Through restful waters,

G
  And deep commotion.

E♭maj7 Dm7   E♭maj7   Dm7
  Often frightened,   unen - lightened,

E♭maj7 F   G
Sail on, sail on sailor.

Verse 2

G   C/G
  I wrest the waters,

G   C/G
  Fight Neptune's waters,

G   C/G
  Sail through the sorrows,

G
  Of life's marauders,

E♭maj7 Dm7   E♭maj7   Dm7
  Unre - penting,   often empty,

E♭maj7 F   G
Sail on, sail on sailor.

Bridge

D   D#dim
   Caught like a sewer rat,

Em
Alone but I sail.

D   D#dim
   Bought like a crust of bread,

   Em
But oh, do I wail.

       Am7   Em   Am7   Em
Seldom stum - ble, never crum - ble,

       Am7 Em   Am7 Em
Try to tum - ble, life's a rum - ble.

       G   Am7   G   Am7
Feel the sting - ing, I've been gi - ven,

       G   Am7   G   C
Never end - ing, unre - lent - ing.

         Am7   Em   Am7 Em
Heartbreak sear - ing, always fear - ing,

       Am7 Em   Am7 Em
Never car - ing, perse - ver - ing.

Ebmaj7 F   G
Sail on, sail on, sailor.

Verse 3

G   C/G
   I work the seaways,

G   C/G
   The gale-swept seaways,

G   C/G
   Past shipwrecked daughters,

G
   Of wicked waters.

Ebmaj7 Dm7   Ebmaj7   Dm7
   Unin - spired,   drenched and tired,

Ebmaj7 F   G
Wail on, wail on, sailor.

Bridge 2

Am⁷ Em   Am⁷ Em
Always need - ing, even bleed - ing,

Am⁷ Em   Am⁷ Em
Never feed - ing, all my feel - ings.

G   Am⁷   G   Am⁷
Damn the thun - der, must I blun - der,

G   Am⁷   G   C
There's no won - der, all I'm un - der.

Am⁷ Em   Am⁷ Em
Stop the cry - ing, and the ly - ing,

Am⁷ Em   Am⁷ Em
And the sigh - ing, and my dy - ing.

E♭maj⁷ F   G
Sail on, sail on sailor.

Outro

‖: E♭maj⁷ F   G :‖   *Repeat to fade*
   Sail on, sail on sailor.

Sumahama

Words & Music by Mike Love

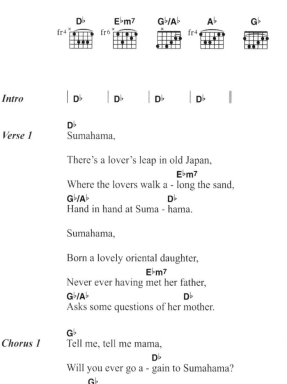

| | D♭ | E♭m7 | G♭/A♭ | A♭ | G♭ |

Intro | D♭ | D♭ | D♭ | D♭   ‖

Verse 1
D♭
Sumahama,

There's a lover's leap in old Japan,
                              E♭m7
Where the lovers walk a - long the sand,
G♭/A♭   D♭
Hand in hand at Suma - hama.

Sumahama,

Born a lovely oriental daughter,
                    E♭m7
Never ever having met her father,
G♭/A♭   D♭
Asks some questions of her mother.

Chorus 1
G♭
Tell me, tell me mama,
                    D♭
Will you ever go a - gain to Sumahama?
        G♭
Per - haps you'll find love there,
                                A♭
Somewhere between the Earth the sky and water?

There at Sumahama.

Verse 2 **D♭**
　　　Sumahama,

In the autumn as the leaves are falling,
　　　　　　　　E♭m7
One can almost hear the lovers calling,
G♭/A♭　　　　　　　**D♭**
From the sea at Suma - hama.

Sumahama,

Years have passed and tears have long since dried,
　　　　　　　　　E♭m7
But no amount of time could hope to hide,
　G♭/A♭　　　　　　　**D♭**
A love so strong from Suma - hama.

Chorus 2 **G♭**
Tell me tell, me mama,
　　　　　　　D♭
Will you go with me back to Sumahama?
　　G♭
Per - haps you'll find him there,
　　　　　　　A♭
Somewhere between the Earth the sky and water,

There at Sumahama.

Verse 3 **D♭**
Sumahama,

Soko wa kaisuru hito tachi ga,
　　　　　　E♭m7
Te ni te o totte aruita,
G♭/A♭　　　**D♭**
Kireina shiroi　hama.

Instrumental | **D♭**　　| **D♭**　　| **D♭**　　| **D♭**　　|

　　　　　　　| **E♭m7**　| **G♭/A♭**　| **D♭**　　| **D♭**　　‖

142

Chorus 3

G♭
Itsu itsu, mama, Sumahama ni,

D♭
Itsu mata iku no.

G♭   **A♭**
Sugita ai o sagashi ni iku,

Umi no kanata, Sumahama.

Verse 4

D♭
  Sumahama,

There's a lover's leap in old Japan,

            E♭m⁷
Where the lovers walk a - long the sand,

G♭/A♭   **D♭**
Hand in hand at Suma - hama.

(Sumahama, Sumahama.)

Sumahama, aki ni ki no ha ga chiru yo ni,

           E♭m⁷
Sabishiku kana - shii koi no uta,

G♭/A♭   **D♭**
Sumahama no u - mi kara.

(Sumahama, Sumahama.)

(Sumahama, Sumahama.)

(Sumahama, Sumahama.)

(Sumahama, Sumahama.)

E♭m⁷   **G♭/A♭**
(Sumahama, Sumahama.)

D♭
(Sumahama, Sumahama.)   *To fade*

Surfer Girl

Words & Music by Brian Wilson

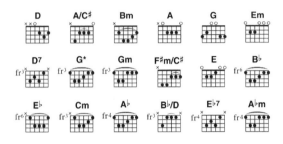

Intro

D   A/C♯ Bm A   G   Em   A
Ah, _____

Verse 1

D   Bm   G   A
Little surfer, little one,

A/C♯   D7   G*   Gm
Made my heart come all un - done.

D   Bm   G   A   D
Do you love me, do you surfer girl?

       Bm   G   A
(Surfer girl, my little surfer girl).

Verse 2

D   Bm   G   A
I have watched you on the shore,

A/C♯   D7   G*   Gm
Standing by the ocean's roar.

D   Bm   G   A   D
Do you love me, do you surfer girl?

       G   D
(Surfer girl, surfer girl).

Bridge 1

G   A
We could ride,

     F♯m/C♯   Bm
The surf to - gether,

G   A   D   D7
   While our love would grow.

cont.

G   A
In my Woody,

F♯m7/C♯ Bm   E   A   B♭
I would take you everywhere I go._____

Verse 3

E♭ Cm   A♭   B♭
So I say from me to you,

B♭/D E♭7   A♭   A♭m
I will make your dreams come true.

E♭   Cm   A♭   B♭   N.C. E♭
Do you love me, do you surfer   girl?

         Cm   A♭   B♭
(Surfer girl, my little surfer girl).

Outro

   E♭   Cm   A♭   B♭
‖:(Girl surfer girl, my little surfer girl),

E♭   Cm   A♭   B♭
(Girl surfer girl, my little surfer girl). :‖   *Repeat to fade*

Surfin' Safari

Words & Music by Brian Wilson & Mike Love

E   D   B   E7   A   D7

Intro

E
Let's go surfin' now,

D
Everybody's learning how,

B   E
Come on and safari with me.

E7
Come on and safari with me.

Verse 1

A   D
Early in the morning we'll be startin' out,

          E   A
Some honeys will be coming along.

We're loading up our Woody,

              D
With our boards inside,

          E   A
And headin' out singing our song.

Chorus 1

A
Come on baby wait and see, yes,

I'm gonna take you surfin' with me.

D7
Come along now baby wait and see,

A
I'm gonna take you surfin' with me.

E   N.C.
Let's go surfin' now,

D   N.C.
Everybody's learning how,

B   N.C.   E
Come on and safari with me.

E7
Come on and safari with me.

Verse 2

     A
At Huntington and Malibu,

     D
They're shooting the pier,

E   **A**
At Rincon they're walking the nose.

                  D
We're going on safari to the islands this year,

     E   **A**
So if you're comin' get ready to go.

Chorus 2   As Chorus 1

Guitar Solo | **A** | **D** | **E** | **A** | **A** | **D** | **E** | **A** |

Verse 3

      A   **D**
They're anglin' in Laguna in Cerro Azul,

     E   **A**
They're kicking out in Dohini too.

I tell you surfin's mighty wild,

     D
It's getting bigger every day,

   E   **A**
From Hawaii to the shores of Peru.

Chorus 3   As Chorus 1

Outro   ‖: **A** Surfin' safari. :‖   *Repeat to fade*

Surfin' U.S.A.

Words by Brian Wilson
Music by Chuck Berry

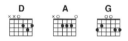

Capo first fret

Intro | D |

Verse 1

N.C.   **A**
If everybody had an ocean,
N.C.   **D**
Across the U. S. A.
N.C.   **A**
Then everybody'd be surfin',
N.C.   **D**
Like Californi-a.
N.C.   **G**
You'd seem 'em wearing their baggies,
N.C.   **D**
Huarachi sandals too.
N.C.   **A**   **G**
A bushy bushy blonde hairdo,
N.C.   **D**
Surfin' U. S. A.

Verse 2

                                        A
You'll catch 'em surfin' at Del Mar,
                        D
Ventura County line.
                  A
Santa Cruz and Trestle,
                  D
Australia's Narrabeen.
                  G
All over Man - hattan,
                        D
And down Doheny Way.
                  A   **G**
Everybody's gone surfin',
N.C.   **D**
Surfin' U.S.A.

Verse 3
                          A
        We'll all be planning out a route,
        N.C.   **D**
        We're gonna take real soon.
        N.C.   **A**
        We're waxing down our surfboards,
        N.C.   **D**
        We can't wait for June.
        N.C.   **G**
        We'll all be gone for the summer,
        N.C.   **D**
        We're on safari to stay.
        N.C.   **A**   **G**
        Tell the teacher we're surfin',
        N.C.   **D**
        Surfin' U. S. A.

Verse 4
                      A
        Haggerties and Swamies,
                          D
        Pacific Pali - sades.

                      A
        San Onofre and Sunset,

                      D
        Redondo Beach L. A.
                  G
        All over La Jolla,
                  D
        At Wa'imea Bay.
                          A   G
        Everybody's gone surfin',
        N.C.   **D**
        Surfin' U.S. A.

Instrumental | A | D | A | D |

                    | G | D |

Outro
                          A   G
        ‖: Everybody's gone surfin',
        N.C.   **D**
        Surfin' U.S. A.
                          A   G
        Everybody's gone surfin',
        N.C.   **D**
        Surfin' U.S. A. :‖   *Repeat to fade*

Surf's Up

Words & Music by Brian Wilson & Van Dyke Parks

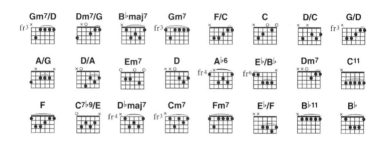

Verse 1

Gm7/D
A diamond necklace played the pawn,

Hand in hand some drummed along, oh,
Dm7/G
To a handsome man and baton.
Gm7/D
A blind class aristocracy,

Back through the opera glass you see,
Dm7/G
The pit and the pendulum drawn.
B♭maj7   **Gm7**   **F/C**   **C**   **D/C**
Colum - nated ruins dom - i - no.
G/D   **A/G**
Canvass the town and brush the backdrop,
         D/A
Are you sleeping?

Verse 2

Gm7/D
Hung velvet overtaken me,

Dim chandelier awaken me,
Dm7/G
To a song dissolved in the dawn.
Gm7/D
The music hall a costly bow,

cont.   The music all is lost for now,

Dm7/G
To a muted trumpeter's swan.

B♭maj7   Gm7   F/C   C   D/C
Colum - nated ruins dom - i - no.

G/D   A/G
Canvass the town and brush the backdrop,

       D/A   D   Em7 Gm7 D
Are you sleeping, Brother John?_____

A♭6
Bridge   Dove nested towers the hour was,

E♭/B♭
Strike the street quicksilver moon.

A♭6
Carriage across the fog,

    E♭/B♭
Two-step to lamp lights cellar tune.

    Dm7   C11 C   F
The laughs come hard in Auld Lang Syne.

    Dm7
The glass was raised, the fired rose,

    C11   C   C7♭9/E F
The fullness of the wine, the dim last toast - ing.

Dm7   C11   C F
While at port adieu or die.

    Dm7
A choke of grief heart hardened I,

    C11   C   F
Be - yond belief a broken man too tough to cry.

A♭6   E♭/B♭
Chorus   Surf's up, mm, mm, mm, mm, mm, mm,

Aboard a tidal wave.

A♭6
Come about hard and join,

    E♭/B♭
The young and often spring you gave.

  D♭maj7
I heard the word,

     Cm7
Won - derful thing,

   Fm7   E♭/F   B♭11 B♭   Cm7
A children's song. _____

cont.

Fm7	E♭/F	B♭11 B♭	Cm7

Child._____

    Fm7   E♭/F
A children's song,

          B♭11   B♭   Cm7
Have you listen - ed as they played?

       Fm7   E♭/F
Their song is love,

      B♭11 B♭   Cm7
And the chil - dren know the way.

Outro

       Fm7   E♭/F
‖: Na, na, na, na,_____

       B♭11 B♭   Cm7
Na, na, na,__ na, na, na, na.__ :‖ *Repeat to fade*

When I Grow Up
(To Be A Man)

Words & Music by Brian Wilson & Mike Love

Capo first fret

Intro
            B7♭5/F   C C/B C/A   G
            When I grow up to be   a   man.

Verse 1
              G
            Will I dig the same things,
             D   G
            That turn me on as a kid?

            Will I look back and say,
             D   G
            That I wish I hadn't done what I did?
             Am7   D
            Will I joke around,
                   Bm   Em
            And still dig those sounds,
             B7♭5/F   C C/B C/A   G   C
            When I grow up to be   a   man?

Verse 2

      G
Will I look for the same things,

D   **G**
In a woman that I dig in a girl? (Fourteen, fifteen).

      G
Will I settle down fast,

        D   **G**
Or will I first wanna travel the world? (Sixteen, seventeen).

             Am7   **D**
Now I'm young and free,

           Bm   **Em**
But how will it be,

         B7♭5/F   **C C/B C/A** **A**
When I grow up to be   a   man?

Interlude

Dm
Ooh,

A
Ooh,

Dm   **D**
Ooh.

Verse 3

      G
Will my kids be proud or think,

    D   **G**
Their old man is really a square? (Eighteen, nineteen).

When they're out having fun yeah,

    D   **G**
Will I still wanna have my share? (Twenty, twenty-one).

          Am7   **D**
Will I love my wife,

        Bm   **Em**
For the rest of my life?

       B7♭5/F   **C C/B C/A** **G♯**
When I grow up to be   a   man?

        C♯
What will I be,

      C7♭5/G♭   **C♯ C♯/C C♯/B♭** **G♯**
When I grow up to be   a   man?

Outro

G♯
(Twenty-two, twenty-three).

     C♯   **C♯m**
Won't last for - ever, (Twenty-four, twenty-five).

   G♯
It's kind of sad. (Twenty-six, twenty-seven).

     C♯   **C♯m**
Won't last for - ever, (Twenty-eight, twenty-nine).

   G♯
It's kind of sad.   *To fade*

Take A Load Off Your Feet

Words & Music by Al Jardine, Gary Winfrey & Brian Wilson

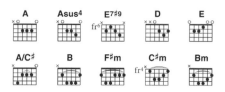

Capo first fret. Tune guitar slightly sharp.

Verse 1

    A   Asus⁴   A   Asus⁴
    I do them when I'm down in the tub,

    A   Asus⁴   A   Asus⁴
    With avo - cado cream they'll take a rub.

       A   Asus⁴   A   Asus⁴
    They wrinkle like a-raisins if I stay too long,

    A   E   A
    I wouldn't want to do it wrong.

Verse 2

    A   Asus⁴   A   Asus⁴
    They'll put you in the driver's seat,

    A   Asus⁴   A   Asus⁴
    And to the table when you wanna eat.

    A   Asus⁴ A   Asus⁴
    But when you go to sit down in your chair,

    E⁷♯⁹
    Something else has got to put you there.

Chorus 1

    D   E   A
    Take good care of your feet, Pete.

      D   E   A
    You better watch out what you eat, Pete.

    D   A/C♯   B
    Better take care of your life,

               E
    'Cause nobody else will.

Verse 3

    A   **Asus⁴**   **A**   **Asus⁴**
They'll twinkle when you fall in love,

    A   **Asus⁴**   **A**   **Asus⁴**
And put you there when you jump up above.

    A   **Asus⁴**   **A**   **Asus⁴**
When you're on the spot, get 'em right under you,

    A   **E**   **A**
One, then the other too.

Middle

      F♯m   **C♯m**
If you want to do the right thing for 'em,

    F♯m   **C♯m**
Just take a walk in the grass.

    F♯m   **C♯m**
But don't you catch yourself fallin',

  Bm   **E**
Or steppin' on a piece of glass.

Verse 4

    A   **Asus⁴**   **A**   **Asus⁴**
Pete knows all the treacherous blows,

    A   **Asus⁴**   **A**   **Asus⁴**
The fallen arches and the cramp in the toes.

    A   **Asus⁴**   **A**   **Asus⁴**
He went to H. E. L. P. and got some sandals new,

      A   **E**   **A**
And dusty old saunas too.

Chorus 2   As Chorus 1

Outro

   A   **Asus⁴ A**   **Asus⁴**
‖: Do, do, do, do, do, do, do.

 A   **Asus⁴ A**   **Asus⁴**
  Do, do, do, do, do, do, do.   :‖   *Repeat to fade*

Tears In The Morning

Words & Music by Bruce Johnston

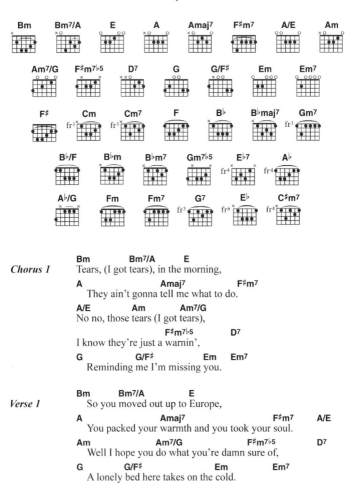

Chorus 1

      Bm   Bm⁷/A   E
Tears, (I got tears), in the morning,

      A   Amaj⁷   F♯m⁷
They ain't gonna tell me what to do.

A/E   Am   Am⁷/G
No no, those tears (I got tears),

                   F♯m⁷♭5   D⁷
I know they're just a warnin',

      G   G/F♯   Em   Em⁷
Reminding me I'm missing you.

Verse 1

      Bm   Bm⁷/A   E
So you moved out up to Europe,

      A   Amaj⁷   F♯m⁷   A/E
You packed your warmth and you took your soul.

Am   Am⁷/G   F♯m⁷♭5   D⁷
Well I hope you do what you're damn sure of,

      G   G/F♯   Em   Em⁷
A lonely bed here takes on the cold.

Verse 2

Bm   Bm7/A   E
Lose a wife change my life we're not to - gether,

A   Amaj7   F#m7   A/E
A cancelled future well it's hard on me.

Am   Am7/G   F#m7♭5   D7
Gone, you're gone, are you gone forever?

G   G/F#   Em   F#
Hope you love the baby I'm never gonna see.

Chorus 2   As Chorus 1

              Cm   Cm7   F
Verse 3   Well you know I lit a candle,

B♭   B♭maj7   Gm7   B♭/F
It's in my heart now where it glows.

B♭m   B♭m7   Gm7♭5   E♭7
Day and night feel my light it's gonna stand till,

A♭   A♭/G   Fm   Fm7
My heart believes in what you chose.

              Cm Cm7   F
Verse 4   I won't let no - body,

B♭   B♭maj7   Gm7   B♭/F
Carry this load for me.

B♭m   B♭m7   Gm7♭5   E♭7
Guess I keep a hold on my sorrow,

A♭   A♭/G   Fm   G7
I've got to feel now all that you see.   And I've got...

              Cm   Cm7   F
Chorus 3   ‖: Tears, (I got tears), in the morning,

B♭   B♭maj7   Gm7
They ain't gonna tell me what to do.

B♭/F   B♭m   B♭m7
No, no, those tears (I got tears),

                      Gm7♭5   E♭7
I know they're just a warnin',

A♭   A♭/G   Fm   Fm7
Reminding me I'm missing you.   :‖

E♭   C#m7
I'm missing you.

159

That's Not Me

Words & Music by Brian Wilson & Tony Asher

A	E7sus4	E7	Bm7	C#m7	F#maj7	B/F#	B

B7	E	Gmaj7	Am7/G	C	C7	F	F7

Verse 1

      A
I had to prove that I could make it alone now,

      E7sus4   **E7**
But that's not me.

      A
I wanted to show how independent I'd grown now,

      E7sus4   **E7**
But that's not me.

      Bm7   **E7**
I could try to be big in the eyes of the world,

      Bm7   **E7**
What matters to me is what I could be,

      C#m7   **F#maj7**   **B/F#**
To just one girl. _____

Chorus 1

      F#maj7
I'm a little bit scared,

      B/F#   **F#maj7**   **B/F#**
Cause I haven't been home in a long time.

      B
You needed my love,

      B7   **E**   **E7**
And I know that I left at the wrong time.

Verse 2

      A
My folks when I wrote them,

      E7sus4   **E7**
Told 'em what I was up to said that's not me.

      A
I went through all kinds of changes,

      E7sus4   **E7**
Took a look at myself and said that's not me.

cont.

     Bm⁷   **E⁷**
I miss my pad and the places I've known,

     Bm⁷   **E⁷**
And every night as I lay there alone,

        C♯m⁷   **F♯maj⁷**   **B/F♯**
I would dream._____

Chorus 2

     F♯maj⁷
I once had a dream,

     B/F♯   **F♯maj⁷** **B/F♯**
So I packed up and split for the city.

     Gmaj⁷   **Am⁷/G**
I soon found out that my lonely life,

         Gmaj⁷   **Am⁷/G**
Wasn't so pretty.

     C
I'm glad I went now,

     C⁷   **F**   **F⁷**
I'm that much more sure that we're ready.

Outro

     F♯maj⁷
‖: I once had a dream,

     B/F♯   **F♯maj⁷** **B/F♯**
So I packed up and split for the city.

     F♯maj⁷   **B/F♯**
I soon found out that my lonely life,

     F♯maj⁷   **B/F♯**
Wasn't so pretty.   :‖   *Repeat to fade*

Then I Kissed Her

Words & Music by Phil Spector, Ellie Greenwich & Jeff Barry

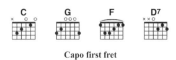

Capo first fret

Intro | C | C | C | C | C | C   ‖

Verse 1
C   G   C
Well I walked up to her and I asked her if she wanted to dance.
                        G   C
She looked awful nice and so I hoped she might take a chance.
F   C
   When we danced I held her tight,
F   C
   Then I walked her home that night.
                G
And all the stars were shining bright,
          C
And then I kissed her.

Verse 2
C   G   C
Each time I saw her I couldn't wait to see her a - gain.
                      G   C
I wanted to let her know that I was more than a friend.
F   C
   I didn't know just what to do,
F   C
   And so I whispered I love you.
              G
And she said that she loved me too,
          C
And then I kissed her.

Bridge

F
I kissed her in a way that I'd never kissed a girl before,

D7   G
I kissed her in a way that I hope she liked for ever - more.

Verse 3

C   G   C
I knew that she was mine so I gave her all the love that I had.

G   C
Then one day she'll take me home to meet her mom and her dad.

F   C
  Then I asked her to be my bride,

F   C
  And always be right by my side.

G
I felt so happy that I almost cried,

C
And then I kissed her.

And then I kissed her.

And then I kissed her.   *To fade*

Their Hearts Were Full Of Spring

Words & Music by Robert Troup

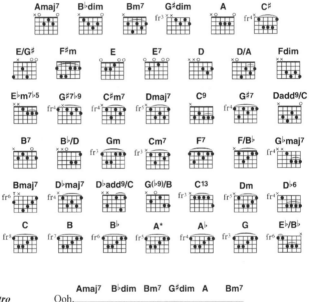

Intro

Amaj7 B♭dim Bm7 G♯dim A   Bm7

Ooh,⎯⎯⎯⎯⎯⎯⎯⎯⎯⎯⎯⎯⎯⎯⎯

C♯

Aah.⎯⎯⎯

Verse 1

         Bm7 A   E/G♯ F♯m   Bm7   E

There's a sto - ry   told of a very gentle boy,

           Amaj7 F♯m   E7

And the girl who wore his ring.

                A   E/G♯ F♯m   Bm7   E

Through the wint' - ry   snow, the world they knew was warm,

          A   D   E7   D/A   D

For their hearts were full of spring.⎯⎯⎯

Bridge

Bm⁷ Fdim F♯m   E♭m⁷♭5   G♯7♭9   Amaj⁷   C♯m⁷
As   the   days grew old   and the nights passed into time,

      Dmaj⁷   C⁹   Amaj⁷
And the weeks and years took wing.

D/A   Fdim F♯m   G♯7   Amaj⁷   C♯m⁷
Gen - tle   boy, tender girl, their love remained still young,

       F♯m   Dadd9/C   B⁷   E⁷
For their hearts were full   of   spring.

Verse 2

C♯m⁷   B♭/D   Gm   Cm⁷   F⁷
Then one day they died, and their graves were side by side,

     F/B♭   G♭maj⁷   Bmaj⁷   D♭maj⁷
On a hill where ro   -   bins   sing.

         D♭add9/C   G(♭9)/B   C¹³   Dm   D♭6 (C)(B)
And they say   vio - lets   grow there the whole year round,

      B♭ (A*)(A♭)(G)   F⁷   E♭/B♭   B♭
For their hearts   were full of   spring._____

165

This Whole World

Words & Music by Brian Wilson

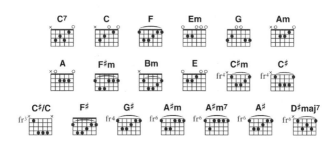

Intro

C7
    I'm thinking about a-this whole world.

Verse 1

C   F   Em
Late at night I think a - bout,

     G   Am
The love of this whole world,

A   F♯m   Bm   E   C♯m
Lots of different people every - where.

C♯ C♯/C   F♯   G♯
And when I go anywhere,

      A♯m   A♯m7
I see love, I see love,

     F♯
I see lo - ve.

Bridge

A♯
    When girls get mad at boys and go,

D♯maj7
    Many times they're just putting on a show,

A♯   F   G
    But when they leave you wait a - lone.

Verse 2

    C   F   Em
    You are there like every - where,

        G   Am   F
Like every - one you see,

A   F♯m   Bm   E   C♯m
Happy 'cause you're living and you're free.

C♯   C♯/C   F♯   G♯   A♯m
Now, here comes an - other day   for your love,

                      A♯m7
(I'm thinking about a-this whole world),

F♯
Love.

Interlude | A♯ | D♯maj7 | A♯ | F   G |

C
Aumm, woo, woo bop didit.

Verse 3   As Verse 1   *to fade*

'Til I Die

Words & Music by Brian Wilson

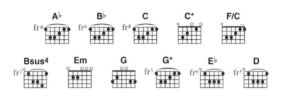

Verse 1

A♭   B♭
  I'm a cork on the ocean,

C   B♭
  Floating over the raging sea.

C*   F/C
  How deep is the ocean?

Bsus⁴   C
  How deep is the ocean?

Em
  I lost my way,

          G
Hey, hey, hey.

Verse 2

A♭   B♭
  I'm a rock in a landslide,

C   B♭
  Rolling over the mountainside.

C*   F/C
  How deep is the valley?

Bsus⁴   C
  How deep is the valley?

Em
  It kills my soul,

          G
Hey, hey, hey.

Verse 3

    A♭   B♭
    I'm a leaf on a windy day,

    C   B♭
    Pretty soon I'll be blown away.

    C*   F/C
    How long will the wind blow?

    Bsus4   C
    How long will the wind blow?

    Em   G   B♭
    Oh,_____ oh, until I die,

      E♭ D G*
    Until I   die.

Outro

                     B♭   E♭ D G*
‖: These things I'll be un - til I die.

                   B♭   E♭ D G*
These things I'll be un - til I die. :‖   *Repeat to fade*

Time To Get Alone

Words & Music by Brian Wilson

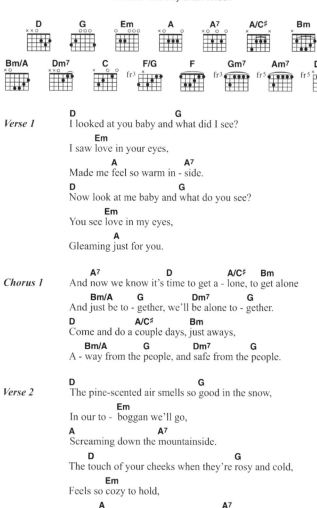

Verse 1

     D   **G**
I looked at you baby and what did I see?
        Em
I saw love in your eyes,
        A   **A7**
Made me feel so warm in - side.
     D   **G**
Now look at me baby and what do you see?
        Em
You see love in my eyes,
      A
Gleaming just for you.

Chorus 1

     A7   **D**   **A/C♯**   **Bm**
And now we know it's time to get a - lone, to get alone
   Bm/A   **G**   **Dm7**   **G**
And just be to - gether, we'll be alone to - gether.
D   **A/C♯**   **Bm**
Come and do a couple days, just aways,
   Bm/A   **G**   **Dm7**   **G**
A - way from the people, and safe from the people.

Verse 2

   D   **G**
The pine-scented air smells so good in the snow,
       Em
In our to - boggan we'll go,
A   **A7**
Screaming down the mountainside.
    D   **G**
The touch of your cheeks when they're rosy and cold,
      Em
Feels so cozy to hold,
   A   **A7**
Just to take you close and make you warm.

Chorus 2

    D   **A/C♯**   **Bm**
It's time to get a - lone, to get alone,

    Bm/A   **G**   **Dm7**   **G**
And just be to - gether, we'll be alone to - gether.

    D   **A/C♯**   **Bm**
Come and do a couple of days, just aways,

    Bm/A   **G**   **Dm7**   **G**
A - way from the people, and safe from the people.

Bridge

    C   **F/G**   **C**   **F**
Lyin' down on our backs looking at the sky,

    C   **Gm7**   **C**   **F**
Looking down through the valley so deep and wide.

            Am7   **Dm7***
Aren't you glad we finally got a - way,

 Am7   **Dm7***
Glad we finally got a - way,

            Am7   **Dm7***
Aren't you glad we finally got away?_____

Verse 3

          D   **G**
Now I look around baby and what do I see?

       Em
I see love in your eyes,

      A   **A7**
And I'm so glad that we finally had some,

Chorus 3

    D   **A/C♯**   **Bm**
Time to get a - lone, to get alone,

    Bm/A   **G**   **Dm7**   **G**
And just be to - gether, we'll be alone to - gether.

    D   **A/C♯**   **Bm**
Come and do a couple days, just aways,

    Bm/A   **G**   **Dm7**   **G**
A - way from the people, and safe from the people.

    D   **A/C♯** **Bm** **Bm/A** **G**
Ooh.   *To fade*

The Trader

Words & Music by Carl Wilson & Jack Rieley

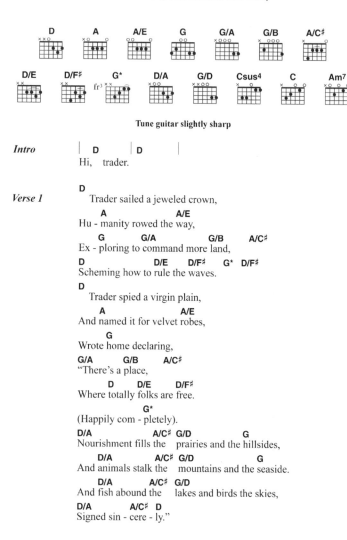

Tune guitar slightly sharp

Intro
| D | D |

Hi,   trader.

Verse 1
D
   Trader sailed a jeweled crown,

     A   A/E
Hu - manity rowed the way,

     G   G/A   G/B   A/C♯
Ex - ploring to command more land,

D   D/E   D/F♯   G* D/F♯
Scheming how to rule the waves.

D
   Trader spied a virgin plain,

     A   A/E
And named it for velvet robes,

     G
Wrote home declaring,

G/A   G/B   A/C♯
"There's a place,

       D   D/E   D/F♯
Where totally folks are free.

          G*
(Happily com - pletely).

D/A   A/C♯ G/D   G
Nourishment fills the   prairies and the hillsides,

   D/A   A/C♯ G/D   G
And animals stalk the   mountains and the seaside.

   D/A   A/C♯ G/D
And fish abound the   lakes and birds the skies,

D/A   A/C♯ D
Signed sin - cere - ly."

Verse 2

D
Trader found the jeweled land,

    A   A/E
Was occupied before he came,

    G   G/A   G/B   A/C♯
By humans of a second look,

       D   D/E   D/F♯   G* D/F♯
Who couldn't even write their names, shame.

D
   Trader said they're not as good,

    A   A/E
As folks who wear velvet robes,

    G   G/A   G/B   A/C♯
Wrote home again and asked, "Please help,

     D   D/E   D/F♯   G*
Their breasts I see, they're not like me.

D/A   A/C♯ G/D   G
Banish them from our   prairies and our hillsides,

D/A   A/C♯ G/D   G
Clear them from our   mountains and our seaside.

D/A   A/C♯ G/D
I want them off our   lakes so please reply,

D/A   A/C♯ D
Signed sin - cere - ly."

Verse 3

D
Trader he got the crown okay,

       A   A/E
Cleared hu - manity from his way.

   G   G/A   G/B
He civilized all he saw,

A/C♯   D   D/E   D/F♯ G*
Making changes every single day, say.

D/A   A/C♯ G/D   G
Shops sprang over the   prairies and the hillsides,

      D/A   A/C♯   G/D
Then roads cut through the mountains,

     G
To the seaside.

    D   A/C♯ G/D
The other kind fled to   hide, by and by,

     D/A   A/C♯
And so sin - cerely,

  ⌢
  G
Interlude 1   Cried.

      Csus4   **C**
Making it softly,

      Csus4 **C**   **Csus4**   **C**
Like the evening sea, trying to be,

D   **G**
Making it go.

    C   **Csus4**   **C**
Cre - ating it gently,

     Csus4 **C**   **Csus4 C**
Like a morning breeze, a life of ease,

Eyes that see,

   D/E   **C**
Be - yond tomorrow,

      D/E   **C**
Through to the time without hours,

    D/E   **C**
Passing the Eden of flowers,

    G
Reason to live.

    C   **Csus4**   **C**
Em - bracing to - gether,

   Csus4 **C**
Like the merging streams,

Csus4 C
Crying dreams,

D   **G**
Making it full.

C   **Csus4**   **C**
Begging in - tently,

   Csus4 **C**   **Csus4** **C**
For a slight re - prieve, a night of ease,

Csus4 **C**
Hands to touch,

   D/E   **C**
Be - yond the sorrow.

    D/E   **C**
On to the force without power,

    D/E   **C**
Piercing the crust of the tower,

Reason to live.

Interlude 2 | **D** | **C** | **D** | **C** | **D** | **C** **(Am7)** | **G** ‖

Verse 5

Csus⁴   **C**
Hop - ing,

      Csus⁴   **C**   **Csus⁴**   **C**
Like a budding rose, humbling shows,

D   **G**
Making it.

C   **Csus⁴**   **C**
Struggling lonely,

      Csus⁴ C   **Csus⁴**   **C**
Like a desert field, break the seal,

Csus⁴ **C**
Make it real.

Csus⁴ **C**
Ears to hear,

      D/E   **C**
Be - yond the showers.

      D/E   **C**
On to the suns of to - morrows,

      D/E   **C**
Burning the flesh of all sorrows,

Reason to live.

Reason to continue,

Reason to go on.

Reason to live,

Reason to live,

Reason to live.   *To fade*

Wake The World

Words & Music by Brian Wilson & Al Jardine

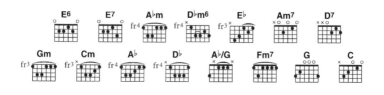

Verse 1

E6   E7
One by one the stars appear,

      E6   E7
The light of the day is no longer here.

Instrumental

| A♭m | D♭m6 E♭ | A♭m | D♭m6 E♭ |

| A♭m | D♭m6 E♭ | Am7 D7 | Gm Cm D7 ‖

Verse 2

E6   E7
One by one the stars disappear,

     E6   E7
The sky grows brighter every minute of the sunrise.

Chorus 1

A♭   D♭   E♭
Wake the world with a brand new morning,

A♭   D♭   E♭
Say hello to an - other fine morning.

A♭   A♭/G   Fm7   E♭
Got my face in the running water,

Am7   D7 G   C   D7
Making my life so much brighter, now.

Verse 3

E6   E7
Moon shines bright, a - sleep in my bed,

 E6   E7
Like so many people got a big day ahead of me.

Chorus 2

 A♭   D♭ E♭
Wake the world with a brand new morning,

 A♭   D♭ E♭
Say hello to an - other fine morning.

 A♭   A♭/G Fm7 E♭
Wouldn't miss it for all of its glory,

Am7 D7 G   C   D7
I'll be there when you're calling me.

Verse 4

 E6   E7
One by one the stars appear,

 E6   E7
The light of the day is no longer here. *To fade*

The Warmth Of The Sun

Words & Music by Brian Wilson & Mike Love

A · F#m · C · Am · Bm · E · Eaug

C# · F#maj7 · Fm7 · B · E7 · F · Bb · Gm

Db · Bbm · Cm · Faug · D · Gmaj7 · Gm · F7

Capo third fret

Intro	|**A** **F#m** |**C** **Am** |**Bm** |**E** **Eaug** |
	Ah._____

Verse 1
       A   **F#m**
What good is the dawn,

   C   **Am**   **Bm**   **E**   **Eaug**
   That grows into day?_____

       A   **F#m**
The sunset at night,

  C   **Am**   **Bm**   **E**
   Or living this way?_____

Chorus 1
       C#   **F#maj7**
For I have the warmth of the sun,

          F#m7
(Warmth of the sun),

   B   **E**
With - in me at night,

         E7   **Eaug**
(Within me at night).

Verse 2
      A   **F#m**
The love of my life,

   C   **Am**   **Bm**   **E**   **Eaug**
   She left me one day._____

   A   **F#m**
I cried when she said,

  C   **Am**   **Bm**   **E**
  "I don't feel the same way."_____

Chorus 2

        C♯   **F♯maj7**
Still I have the warmth of the sun,

            F♯m
(Warmth of the sun),

    B   **E**
With - in me tonight,

           E7   **C** **F**
(Within me tonight).

Verse 3

   B♭   **Gm**
I'll dream of her arms,

D♭ **B♭m**   **Cm**   **F**   **Faug**
And though they're not real._____

   B♭   **Gm**
Just like she's still there,

D♭ **B♭m**   **Cm**   **F**
The way that I feel.____

Chorus 3

   D   **Gmaj7**
My love's like the warmth of the sun,

         Gm
(Warmth of the sun),

  C   **F**
It won't ever die,

        F7   **Faug**
(It won't ever die).

Outro   ‖: **B♭** **Gm** | **D♭** **B♭m** | **Cm** | **F**   **Faug** :‖   *Repeat to fade*

Wendy

Words & Music by Brian Wilson & Mike Love

[Chord diagrams: C#m, F#, A, E, F#m, D, B, G#]

Capo first fret

Intro | C#m | F# | C#m | A | ‖

| E | F#m |

Chorus 1
E   F#m   E
Wendy, Wendy what went wrong,
       A
Oh so wrong?
E   A   D   G#
We went to - gether for so long.____

Verse 1
C#m   F#
   I never thought a guy could cry,
C#m   A
  'Til you made it with a - nother guy,
   E   F#m   B   E
Oh Wendy, Wendy left me a - lone.
        A
Hurts so bad.

Chorus 2
E   F#m   E
Wendy, Wendy don't lose your head,
       A
Lose your head.
E   A   D   G#
Wendy don't believe a word he says.____

Verse 2
C#m   F#
   I can't picture you with him,
C#m   F#
  His future looks aw - ful dim.
   E   F#m   B   E   D
Oh Wendy, Wendy left me a - lone.____
        C#m
Hurts so bad.

Instrumental | F♯ | C♯m | A | E | C♯m | F♯m | B |

Chorus 3

    E   F♯m   E
Wendy I wouldn't hurt you like that,

         A
No, no, no.

    E   A   D
I thought we had our love down pat,

             G♯
Guess I was wrong.

Verse 3

C♯m   F♯
   The farthest thing from my mind,

C♯m   A
Was the day that I'd wake up to find.

   E
My Wendy,

F♯m   B   E   N.C.
Wendy left me a - lone.

Interlude | E | F♯m |

Outro

    E   F♯m   E
‖: Wendy, Wendy left me a - lone,

       A
Hurts so bad.

E   F♯m   E
Wendy, Wendy left me a - lone,

      A
Hurts so bad.   :‖   *Repeat to fade*

Wonderful

Words & Music by Brian Wilson & Van Dyke Parks

Verse 1

F♯7   E/B   C♯m7

She belongs there, left with her liberty,

A♯dim B7/F♯   Bm7   E

Never known as a non - be - liever.

     C♯m7   E6   C♯/G♯ F♯/G♯ C♯/G♯   F♯/A♯

She laughs and stays in the one,   one,   wonder - ful.

Verse 2

F♯7   E/B   C♯m7

She knew how to gather the forest when,

A♯dim   B7/F♯   Bm7   E

God reached softly and moved her body.

     A   A♯dim   E/B

One golden locket quite young,

     B7   F♯m7/C♯   F♯m7   F♯m7/C♯ F♯m7

And loving her mo   -   ther and fa   -   ther.

Verse 3

F♯7   E/B   C♯m7

Farther down the path was a mystery,

A♯dim   B7/F♯   Bm7   E

Through the recess the chalk and numbers.

     C♯m7   E6   C♯/G♯   F♯/G♯   C♯/G♯   F♯/A♯

A boy bumped into her one,   one,   one,   wonderful.

     A

Na na na na na na na.

Bridge

E⁷
Hey, bop-a-re-bop, wa-bop-a-loo.

Hey, bop-a-re-bop, wa-bop-a-loo.

A
Hey, bop, a-loo, bop, a-wop, bop-a-loo-bop.

E⁷
Hey, bop-a-re-bop, wa-bop-a-loo.

Hey, bop-a-re-bop, wa-bop-a-loo.

A   D
Hey, bop, a-loo, bop, a-wop, bop-a-loo-bop.

Verse 4

F♯7   E/B   C♯m7
She'll return in love with her liberty,

A♯dim B7/F♯   Bm7   E
Never known as a non - be - liever.

         C♯m7   E6
She'll smile and thank God,

      G♯sus4 G♯7   C♯/B♯   F♯/C♯
For one,   one,   one,   wonderful.

         A
Na na na na na na na.

Wouldn't It Be Nice

Words & Music by Brian Wilson, Tony Asher & Mike Love

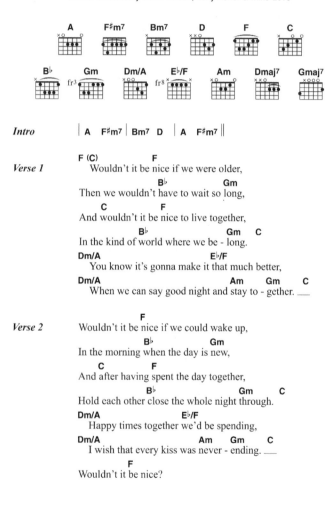

Intro | A F♯m7 | Bm7 D | A F♯m7 ‖

Verse 1
        F (C)   F
Wouldn't it be nice if we were older,
                B♭   Gm
Then we wouldn't have to wait so long,
        C   F
And wouldn't it be nice to live together,
          B♭   Gm C
In the kind of world where we be - long.
Dm/A   E♭/F
You know it's gonna make it that much better,
Dm/A   Am Gm   C
When we can say good night and stay to - gether. ___

Verse 2
                  F
Wouldn't it be nice if we could wake up,
              B♭   Gm
In the morning when the day is new,
        C   F
And after having spent the day together,
            B♭   Gm   C
Hold each other close the whole night through.
Dm/A   E♭/F
Happy times together we'd be spending,
Dm/A   Am Gm   C
I wish that every kiss was never - ending. ___
              F
Wouldn't it be nice?

Bridge

Dmaj⁷   Gmaj⁷
Maybe if we think and wish and hope and pray,

F♯m⁷   Bm⁷
It might come true.

Dmaj⁷   Gmaj⁷   F♯m⁷   Bm⁷
Maybe then there wouldn't be a single thing we couldn't do.

          F♯m⁷   Bm⁷
We could be married, (we could be married)

               F♯m⁷   C
And then we'd be happy, (and then we'd be happy)

           F
Ah, wouldn't it be nice.

Link

| F | F | F | F   ‖

Verse 3

Dm/A   E♭/F
You know it seems the more we talk about it,

Dm/A   Am   Gm
It only makes it worse to live with - out it,

         Am   Gm   C
But let's talk a - bout it,

         F
Wouldn't it be nice.

Outro

    F
‖:   Good night, baby, sleep tight, baby. :‖ *Repeat to fade*

You Still Believe In Me

Words & Music by Brian Wilson & Tony Asher

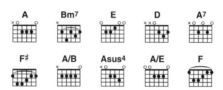

Capo second fret

Intro	|A Bm7 E |A Bm7 E |A Bm7 E |A |
	Ooh._____

         A   Bm7   E   A

Verse 1 I know perfect - ly well,

              Bm7 E   A   Bm7 E

I'm not where I should be.

A   Bm7 E A

I've been very a - ware,

              Bm7   E   A   Bm7 E

You've been patient   with me.

D   A   A7   D

Every time we break up,

          A   A7   F♯

You bring back your love to me.

                  Bm7

And after all I've done to you,

How can it be,

         A/B   Asus4 A/E F

You still   be - lieve   in   me?

         A   Bm7   E A

Verse 2 I try hard to be more,

              Bm7 E   A   Bm7 E

What you want me to be.

        A   Bm7 E   A

But I can't help how I act,

              Bm7   E   A   Bm7 E

When you're not   here with me.

D   A   A⁷   D
I try hard to be strong,

     A   A⁷   F♯
But sometimes I fail myself.

          Bm⁷
And after all I've promised you,

So faithfully,

  A/B   **Asus⁴ A/E F**
You still be - lieve in   me.

       A   **Bm⁷ E** |**A**   **Bm⁷ E** |**A**   **Bm⁷ E** |**A**   **Bm⁷ E**|
I wanna cry, _____

Outro   ‖: **A**   **Bm⁷ E** |**A**   **Bm⁷ E** |**A**   **Bm⁷ E** |**A**   :‖ *Repeat to fade*
      Ah._____

You're So Good To Me

Words & Music by Brian Wilson & Mike Love

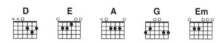

Capo third fret

Intro | D | D |

Verse 1
     D
You're kinda small,

And you're such a doll,
   E
I'm glad you're mine.
     A
You're so good to me,
       D
How come you are?

Verse 2
    D
You take my hand,

And you understand,
  E
When I get in a bad mood.
     A
You're so good to me,
   G   **A**
And I love it, love it.

Chorus 1
 D
La, la, la, la, la, la, la, la,
            Em
La, la, la, (you're my baby)

La, la, la, la, la, la, la, la,
         D
La, la, la, (don't mean maybe)

La, la, la, la, la, la, la, la,

cont.   La, la, la, la, la, la, la, la,

                A
        La, la, la, la, la, la, la, la,

        La, la, la, la, la, la, la.

                D
Verse 3   I know your eyes,

        Are not on the guys,

                E
        When we're apart.

                A
        You're so true to me,

                     D
        How come you are?

                D
Verse 4   And every night,

        You hold me so tight,

                E
        When I kiss you goodbye.

                 A
        You're so good to me,

               G   **A**
        And I love it, love it,

Chorus 2   As Chorus 1

Interlude | **D** | **D** |

Chorus 3   As Chorus 1   *Repeat Chorus to fade*

Wild Honey

Words & Music by Brian Wilson & Mike Love

G	C	Am	D	Em	D7	B

Intro　　　| G　　| C　　| G　　| C　　|

　　　　　　　G
　　　　Sweet, sweet,
　　　　　C
　　Wild honey bee.
　　　　　G
　　　　Eat up, eat up,
　　　　　C
　　Eat up honey.

Verse 1
　　　　　　　G　　　　　　C
　　　　Mama, I'm tellin' you,
　　　　　　　　　　　G　　　　　　　C
　　As sure as I'm standing here,
　　　　　　　G　　　　C
　　She's my girl, and that's the way,
　　　　　　　　　　　G　　　　C
　　I'm keeping it now mama dear.
　　　　　　　Am
　　No good will it do you,
　　　　　　　C
　　To stand there and frown at me,
　　　　　　　Am
　　The girl's got my heart,
　　　　　　　　C
　　And my love's coming down on me.
　　　　　　　Am
　　My love's coming down,
　　　　　　　D　　　　　　　　　　G
　　Since I got a taste of wild honey.
　　　　　　　C
　　You know she's got,
　　　　　　　　　G　　　　C
　　The sweetness of a honey bee.

G
Wild honey,

C
She got it on and stung me good,

G   C
Yes sir - ee.

Verse 2

Am
With all the other stud bees,

C
Buzzing all around her hive,

Am
She singled me out,

C
Single handed took me alive.

Am
Well can you can you,

D   G
Gonna take my life, eating up her wild honey.

Instrumental

C	G	C	
G	C	G	C
‖: Em	D7	C	B :‖

Bridge

Am
Oh mama she's sweeter,

Gettin' sweeter,

D
Sweeter, sweeter.

Verse 3

G
Wild honey,

C
Let me tell you,

G   C
How she really got to my soul.

G
It ain't funny,

C
The way she make me,

G   C
Wanna sing a little rock 'n' roll.

        Am
There's nothing quite nice,

     C
As a kiss of wild honey.

  Am
I break my back working,

    C
Just to save me some money.

   Am
So I can spend my life with her,

D   **G**   **C**
  Sock it to me wild honey.

Outro

               G   **C**
‖: Wild honey she's mine,

          G   **C**
Wild honey she's mine.   :‖   *Repeat to fade*